シリーズ・これからの地域づくりと生協の役割 1

# 被災地につなげる笑顔

## 協同の力で岩手の復興を

西村一郎 著

日本生活協同組合連合会

もくじ

カバーデザイン　タクトデザイン事務所

巻頭歌

風に耐え
津波《よだ》にも負けぬ
崖の松
根は岩を割り
枝大空へ

三休（西村一郎）

三王岩《さんのういわ》（宮古《みやこ》市）

# 1 部

# はじめに
## ——被災地の岩手は今——

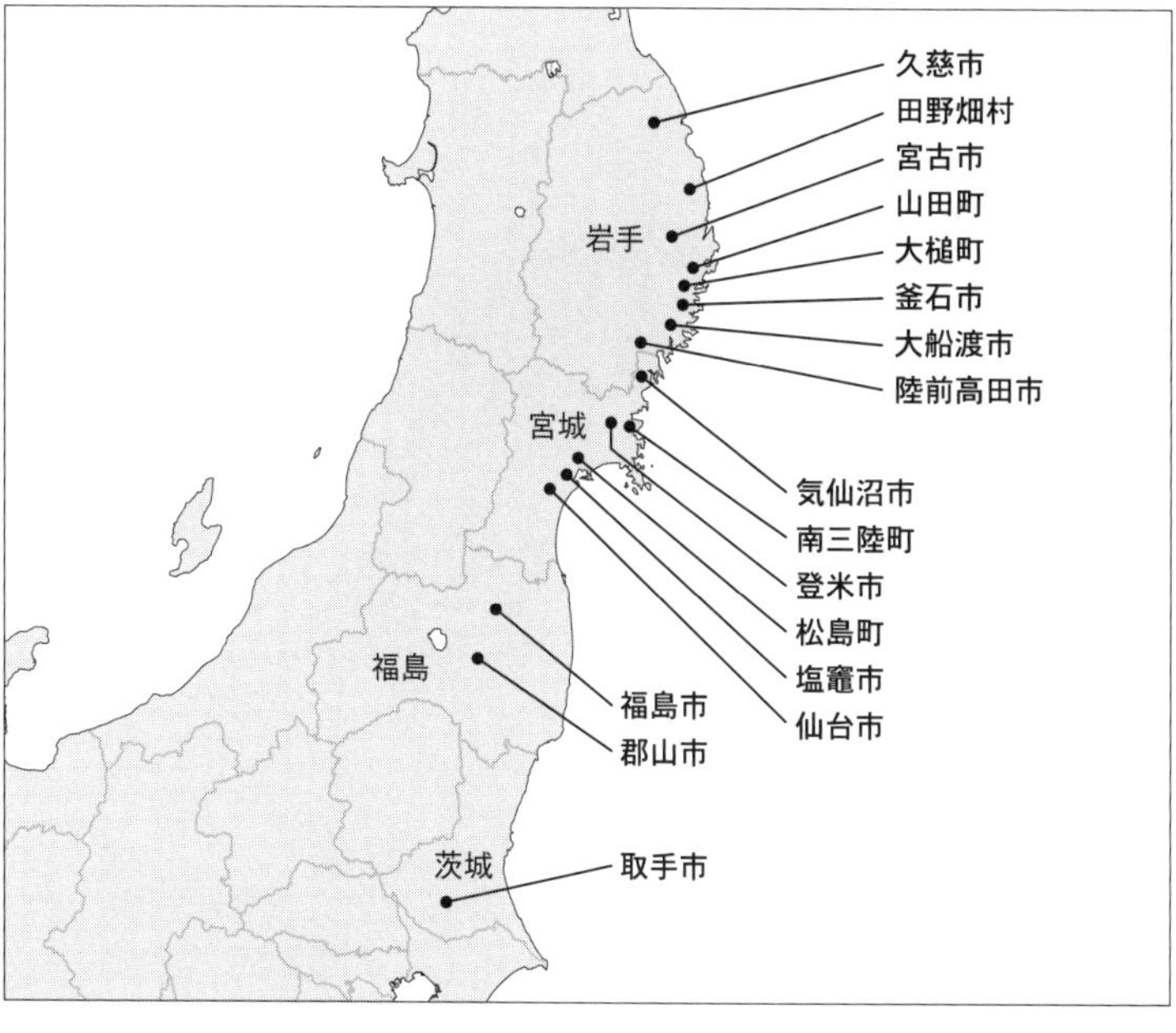

東日本大震災から、はやくも一年半が経過した。この時点で死者と行方不明者に震災関連死を加えると、実に二万三一六人にもなり、残された人々の心に今も深い傷を残している。さらには仮設住宅など、震災前の住まいを離れた被災者は三四万三、三三四人もいて、復興の目処《めど》が立たずに、経済的にも精神的にも苦しんでいる方が少なくない。

このため震災の被害は、二〇一一年三月一一日で決して終わったわけでなく、今も形を変えて存在するし、さらにこれからも続く。また地震大国の我が国では、どこにおいてもいつ同じ規模の災害が発生しても不思議ではない。たまたま今回は三陸《さんりく》の海岸で大きな津波となったのであり、そこの復旧・復興から学ぶことはいくつもある。

岩手における協同を大切にした復興の取り組みの現場から、震災を通して私たちに何が問われ、一人ひとりが何をしなくてはならないのか考えてみたい。

第1章

# 東北の被災地へ
## 「絆」でつなぐ三陸路3日間ツアー

### 一路北へ

朝七時に茨城県取手市《とりで》を出た大型観光バスは、国道六号線を北上し、土浦《つちうら》や石岡《いしおか》で数名の客を乗せて満席となり、高速の常《じょう》磐《ばん》自動車道からいわき市に入り、沿岸から内陸に向かう磐越《ばんえつ》自動車道へ抜け、郡《こおり》山《やま》市経由で東北自動車道へとさらに北上した。

ある大手旅行会社が企画した、「復興応援列車貸切車両と日本三景・松島『絆』でつなぐ三陸路3日間」である。四〇名の参加者と添乗員一名で、二〇一二年五月一六日からスタートしたこのツアーに、私は放射能の簡易線量計を持って妻と参加した。政府やマスコミの発言を鵜呑《うの》みにするのではなく、自分でも計って判断の材料にしたいと考えた。茨城県の南端に位置する取手市は、放射能の汚染が県下の市町村別では一番高く、〇・二マイクロシーベルト（μSv/H）以上の場所が少なくない。年間にすると二ミリシーベルト(mSv) 近くなり、国際的な安全の目安となっている一ミリシーベルトを超えるので、私や妻の健康はもちろんだし、同じ市内に住む二人の娘や三人の孫たちの将来を以前から心配している。

バスが北上するにつれて数値は低下し、〇・一やさらに〇・〇五を示すこともあった。再び上昇しだしたのは、福島県に入り郡山市から福島市を走っている頃であった。〇・三前後になり、最高時は〇・四三を示して驚いた。高速で走っているバスだから、正確な数値ではないかもしれないが、おおよその傾向をつかむことはできるだろう。

宮城県に入ると再び数値は低下して〇・一以下となり、仙台から海岸に向かって一時過ぎに着いた塩竈《しおがま》市では〇・〇六を示していた。松島《まつしま》町で自由時間があり、遊覧船で日本三景の一つである松島湾の島々を楽しむ人もいれば、街中を散策する人もいた。私は、昨年の秋に訪ねた松島医療生協を訪ね、その後の復旧・復興に向けて進みつつある姿を見てきた。

再びバスに乗って三陸自動車道を北上して登米《とめ》市に着き、そこから山間をくぐって南三陸《みなみさんりく》町の沿岸へと出た。登米市辺りからまた線量計は〇・一前後を示していたのは、昨年訪ねた時とほぼ同じであった。

南三陸町に入ると窓の外は一変し、車内にどよめきが起こった。道路の左右には、津波によって全壊となった建物の基礎だけがいくつも無残に残り、山すそには立ち枯れとなった杉などが茶色くなって続く。参加者は、カメラやビデオを手にして窓の外に注目した。海岸に沿ってバスは走り、五時過ぎに気仙沼《けせんぬま》市へと入っていった。昨年は二回訪ねた場所で、借りた自転車で市街地を走ると、アスファルトがはがれて凹凸がいくつもあり、また車が走ると土埃《つちぼこり》を舞い上げて大変だった。そうした道はきれいになっていたが、魚市場などの周辺で地盤沈下した場所には海水が溜《た》まっていた。

バスから降りた一行は、歩道などの一部がまだ壊れたままの桟橋から船に乗り、気仙沼湾に浮かぶ大島へ三〇分足らずで渡った。

震災のときは気仙沼湾の入口付近に設置してある石油タンクが津波で流され、それに引火したため海面と沿岸の樹木や家屋などが燃えた。闇夜に海が赤々と燃える姿は、震災当時に誰もが固唾《かたず》を呑《の》んで観たテレビの映像の一つであった。

大島の宿は休暇村気仙沼大島で、船着き場からマイクロバスで五分ほどの高台にあった。七時半からの夕食は、三陸の海の幸をふんだんに使った復興鍋会席で、早朝からのバスによる長旅で疲れていたが、美味《おい》しく食べることができた。

ロビーには、大島に関わる情報紙なども置いてあって興味深く読むことができた。

「海は　いのちの　みなもと
波は　いのちの　きらめき
大島よ　永遠に
みどりの真珠であれ」

大島出身の村上不二さんが詠んだ一節である。一九六五年に他界された詩人だが、震災後の今こそその言葉は輝いている。

登米市の地酒澤乃泉《さわのいずみ》の「おり酒」原酒を味わいつつ、地元の震災後のことに詳しく触れている、『大島絆新聞』などを遅くまで読んだ。

## 岩手の被災地へ

一七日の早朝に休暇村の職員が案内してくれて、四〇メートルほど下の砂浜に希望者二〇名ほどと一緒に降りた。小学生たちが使うための新築したばかりの「島の体験館」が、津波で大きく破壊され、近くの水呑《の》み場やトイレなども、基礎の部分から掘り返されていた。高さが一〇メートルほどの木の枝に、漂流物がいくつもぶら下がり、津波の大きさを今に伝えていた。

船で気仙沼《けせんぬま》に戻り、乗り換えたバスは海岸に沿って北上し、すぐに岩手県へと入った。ちなみに気仙沼の放射能は〇・〇五前後で問題はない。

気仙沼を出て三〇分ほどして、街並みをすっかりなくした陸前高田《りくぜんたかた》へ九時半頃に入り、川をはさんで「奇跡の一本松」をながめた。震災前は約二キロにわたって七万本もの松が防風林として潮風を受け止め、名勝「高田松原」として名高い場所だったが、樹齢二五〇年の一本松を残し全てが津波で流された。すでに根や葉も枯れ、手の施しようもない一本松だが、どれだけ人々に勇気と希望を与えたことだろう。

黒い碁石《ごいし》海岸を車窓からながめ、大船渡《おおふなと》市から釜石《かまいし》市へとバスは進んでいった。震災前から小学生や中学生に、津波のときはできるだけ高い場所に自分の判断で避難することを強調していた釜石市では、決められた避難場所で安心することなく次々と高台へ移動し、沿岸の小中学生約六〇〇名に被害がなかった。他の地域では、指定された避難場所まで逃げたが被災した子どもがいたことや、教員による適切な誘導が遅れて亡くなった児童などのいたことと対照的で、「釜石の奇跡」とさえ言われている。そんなことをかみ締めていると、復旧の進みつつある釜石の町をバスは抜けていった。

少しして、バスは町全体が壊滅した大槌《おおつち》町へと入った。地元で復興のボランティアをしている若い女性が同乗し、廃墟となった街の中にバスを案内して、壊れた役場の前で黙祷した後、被害や復興の状況について解説してくれた。町長も津波の犠牲となり、行政もしばらくは機能しないほどの大打撃を受けた町である。町民の使っていた多数のプロパンガスが津波で流され、それに引火したため町中が火災となって災害が拡大した。

二階建てコンクリート製の町役場の正面にある丸時計は、津波が襲った三時二〇分で止まり、屋上でむき出しになった錆《さ》びた鉄筋には、ブルーの合羽《かっぱ》が引っ掛かってゆれていた。

奇跡的に残った樹齢250年の一本松（陸前高田で、2012年5月撮影）。

街中にある仮設の復興食堂で仕入れた復興丼を、バスの中で食べつつまたバスは北上した。大槌町の沖には、ひょうたんの形をした蓬莱島《ほうらいじま》が浮かんでいる。一九六四年から一九六九年にかけNHKテレビで大ヒットした、人形劇「ひょっこりひょうたん島」のモデルになった島でもある。

「♪苦しいこともあるだろさ　悲しいこともあるだろさ　だけど僕らはくじけない　泣くのはいやだ　笑っちゃおう　進め……♪」

井上ひさしさん作詞のテンポが早く明るい主題歌は、地元で復興ソングの一つにもなっている。

## 三陸鉄道（三鉄）に乗って

国道四五号線を海岸に沿ってさらに北上し、

山田町や宮古《みやこ》市の被災地を通過し、バスは岩手県沿岸の北に位置する田野畑《たのはた》村にある北山《きたやま》崎《ざき》まで走った。あいにく小雨が降り始めた。そこの新しい木造のビジターハウスでツアーの参加者は、三陸鉄道（三鉄《さんてつ》）の職員から、宮古市より久慈《くじ》市までの北リアス線の被害や復旧についての説明を受けた。今回のツアーの参加費からは、一人一、〇〇〇円を三鉄の再建に寄贈し、復旧する島越《しまのこし》駅前に立てるモニュメントには、募金した全員の名前を入れるので、「完成する二年後の二〇一四年には、ぜひまた来てほしい」とのことであった。その場で記念品を各自にくれたので開けると、片手に収まるほどの丸い小石に、「ご支援ありがとうございました」と黒のサインペンで手書きされ、裏には北山崎の小さな写真を貼ってあった。

「つながろう三陸！　つなげよう三鉄！」の幟《のぼり》が立つ小本《おもと》駅から、ハガキ半分ほどの北リアス線記念乗車証明書を各自は受け取り、白地に赤とブルーのアクセントが入ったツアー専用の列車に乗った。列車の正面には、丸く大きな看板があり、そこには「こころを旅でつなげよう　がんばろう！　三陸」と書いてあった。

宮古までは、摂待《せったい》、田老《たろう》、佐羽根《さばね》、一の渡《わたり》の各駅で停車し、いくつもトンネルを抜けつつゆっくりと進んだ。どこの駅も高台にあり、津波で破壊された駅前が一望できた。特に「津波田老」とも言われてきた田老町では、何と四〇メートルもの高さまで津波が届き、一〇メートルの二重になった防潮堤でも防ぐことのできなかった被災地を、みんなは窓からジッと注視していた。

乗車していた約四〇分間は、男性の車掌さんが大きく伸ばした写真のファイルを見せながら、震災時の様子やその後の取り組みについて詳しく解説してくれた。田老町出身とのことで、「明治や昭和初期にも大津波で破壊されたが、助け合ってりっぱに立ち直ったので、今回も必ず再起します」と明るく話していた。どん底まで行ったので、後は浮上するだけと楽天的に割り切っているようでもあった。ここまで人は強くなることができるのかと私は驚いた。

宮古駅からまたバスに乗り、再び国道四五号線を北上して休暇村陸中宮古に着いたのは、夕方の六時頃になっていた。

夕食は「三陸の幸舟盛り会席」で、新鮮な刺し身だけでなく、わかめやまつもなど海藻のしゃぶしゃぶがあった。どれも熱湯にくぐらせると、さっと鮮やかな緑になり、ポン酢を付けて口に入れると、シャキシャキとした歯ざわりと磯の香りを楽しむことができた。

## うみねこ遊覧船

ツアーの三日目は、九時に宿を出て景色の美しい浄土ケ浜《じょうどがはま》へ行き、津波のときに沖に出て難を逃れることのできたウミネコ遊覧船に乗った。三隻の船のうち二隻が被災し、残った一隻である。セーラー服を着た朗らかな中年の女性ガイドによる案内を聞きつつ、天然記念物の細長いローソク岩や日出島《ひでじま》などをながめる四〇分のクルーズである。海からも津波の傷跡は、崩れた防波堤などいたるところに見ることができた。

それにしても、断崖や島の岩肌に育つ松には驚く。硬い岩を割って根を張り、今回の津波にも決して負けることはなかった。このようなたくましい風景を見つつ、東北の人々はどんな困難をも乗り越える粘り強さを培ってきたのだろう。

笑顔のガイドさんは、木下恵介《きのしたけいすけ》監督の映画「喜びも悲しみも幾年月」に触れ、宮古市の鮱《とど》ヶ崎灯台にいた方の手記が原作になっていることを紹介し、「♪おいら岬の　灯台守りは……」と懐かしい歌を明るく歌ってくれた。いくつもの苦難を助け合いつつ乗り越える姿は、今回の震災から復興する人々にもヒントになるのではないだろうか。

**百聞は一見にしかず**

バスでツアー最後の訪問場所である宮古市内の魚菜市場に移り、参加者はわかめや干物など三陸の幸を土産にしたり、昼食の惣菜などを買い求めた。私はここで添乗員の了解を得て妻を含めた一行と別れ、宮古に残って三月に続く一週間の取材に入った。

表1　岩手県沿岸市町村の被災状況

| 市町村名 | 人口（人） | 死者と行方不明者(人) | 対人口の割合(%) |
|---|---|---|---|
| 陸前高田市 | 23,221 | 1,778 | 7.7 |
| 大船渡市 | 40,579 | 421 | 1.0 |
| 釜石市 | 39,399 | 1,041 | 2.6 |
| 大槌町 | 15,222 | 1,276 | 8.4 |
| 山田町 | 18,508 | 755 | 4.1 |
| 宮古市 | 59,229 | 516 | 0.9 |
| 田野畑村 | 3,838 | 29 | 0.8 |
| 岩手県計 | 1,326,643 | 5,876 | 0.4 |

岩手県毎月人口推計（平成23年3月）、岩手県災害対策本部（2012年9月5日）

なお今回のツアーで訪ねた市や町の被災者は、岩手県毎月人口推計（平成二三年三月）および岩手県災害対策本部の発表によると、二〇一二年九月五日現在で上記のとおりである。

数字にするとこうなのだが、亡くなったそれぞれに尊い人生があり、たくさんの家族や友人と各地で暮らしていたことを考えると、私はいたたまれなくなる。

「百聞は一見にしかず」である。いくら毎日の新聞記事を、隅から隅まで読んで被災地のイメージを膨らませても、今ひとつ実感が湧いてこない。少しでも現地に足を運び、匂いや光や気温などを体感することによって、震災を肌で感じることができる。そこから震災で問われていることを、私なりに考えてみたい。（2012年6月15日）

# 第2章　地域と生活の再建めざし［いわて生協］

**岩手県の被災**

警察庁緊急災害警備本部による二〇一二年八月八日付の発表によれば、**表2**（二八～二九ページ）にあるように、岩手県の死者と行方不明者など人的被害は、宮城県についで大きい。

**いわて生協の被害**

施設の被害や営業停止などによる供給減と、停電による冷蔵冷凍品の廃棄などを含めた損失額は約一二億円になる。

なおいわて生協は、二〇一二年三月末現在で、組合員二〇万五、七七六人、職員は一、九一八人（正規三三三人、パート・アルバイト一、五八五人）、二〇一一年度の供給高は三七五億円である。

| | | | | 道路損壊 | 橋梁被害 | 山崖崩れ | 堤防決壊 | 鉄軌道 | 災害種別／都道府県 | |
|---|---|---|---|---|---|---|---|---|---|---|
| 床上浸水 | 床下浸水 | 一部破損 | 非住家被害 | | | | | | | |
| 戸 | 戸 | 戸 | 戸 | 箇所 | 箇所 | 箇所 | 箇所 | 箇所 | | |
| 329 | 545 | 7 | 469 | | | | | | 北海道 | |
| | | 835 | 1362 | 2 | | | | | 青森 | 東北 |
| 1761 | 323 | 8673 | 4776 | 30 | 4 | 6 | | | 岩手 | |
| 15475 | 12894 | 224225 | 27251 | 390 | 12 | 51 | 45 | 26 | 宮城 | |
| | | 3 | 3 | 9 | | | | | 秋田 | |
| | | | | 21 | | 29 | | | 山形 | |
| 1054 | 339 | 160535 | 1116 | 187 | 3 | 9 | | | 福島 | |
| | | 4847 | 1101 | 295 | 55 | 6 | | | 東京 | |
| 1798 | 778 | 185178 | 19161 | 307 | 41 | | | | 茨城 | 関東 |
| | | 71317 | 295 | 257 | | 40 | | 2 | 栃木 | |
| | | 17246 | | 36 | | 9 | | | 群馬 | |
| | 1 | 1800 | 33 | 160 | | | | | 埼玉 | |
| 157 | 728 | 51698 | 660 | 2343 | | 55 | | 1 | 千葉 | |
| | | 445 | 13 | 162 | 1 | 3 | | | 神奈川 | |
| | | 17 | 9 | | | | | | 新潟 | |
| | | 4 | | | | | | | 山梨 | |
| | | | | | | | | | 長野 | |
| | 5 | 13 | 9 | | | | | | 静岡 | |
| | | | | 1 | | | | | 岐阜 | 中部 |
| 2 | | | 9 | | | | | | 三重 | |
| 2 | 9 | | | | | | | | 徳島 | 四国 |
| 2 | 8 | | | | | | | | 高知 | |
| 20580 | 15830 | 726843 | 56267 | 4200 | 116 | 208 | 45 | 29 | 合計 | |

出典：警察庁緊急災害警備本部 広報資料（平成24年9月11日）

## 表2　平成23年（2011年）東北地方太平洋沖地震の被害状況

| 都道府県＼災害種別 | | 人的被害 | | | | | 建物被害 | | | | |
|---|---|---|---|---|---|---|---|---|---|---|---|
| | | 死者 | 行方不明 | 負傷者 | | | 全壊 | 半壊 | 流失 | 全焼 | 半焼 |
| | | | | 重傷 | 軽傷 | 合計 | | | | | |
| | | 人 | 人 | 人 | 人 | 人 | 戸 | 戸 | 戸 | 戸 | 戸 |
| 北海道 | | 1 | | | 3 | 3 | | 4 | | | |
| 東北 | 青森 | 3 | 1 | 24 | 85 | 109 | 306 | 701 | | | |
| | 岩手 | 4671 | 1205 | | | 202 | 19199 | 5013 | | 15 | |
| | 宮城 | 9527 | 1394 | | | 4140 | 85311 | 151719 | | 135 | |
| | 秋田 | | | 4 | 8 | 12 | | | | | |
| | 山形 | 2 | | 8 | 21 | 29 | 37 | 80 | | | |
| | 福島 | 1606 | 211 | 20 | 162 | 182 | 20841 | 70901 | | 77 | 3 |
| 東京 | | 7 | | 20 | 97 | 117 | 15 | 198 | | 1 | |
| 関東 | 茨城 | 24 | 1 | 33 | 676 | 709 | 2632 | 24176 | | 31 | |
| | 栃木 | 4 | | 7 | 127 | 134 | 260 | 2108 | | | |
| | 群馬 | 1 | | 13 | 25 | 38 | | 7 | | | |
| | 埼玉 | | | 6 | 36 | 42 | 24 | 194 | | | 1 |
| | 千葉 | 20 | 2 | 26 | 226 | 252 | 798 | 10016 | | 115 | |
| | 神奈川 | 4 | | 17 | 117 | 134 | | 39 | | | |
| | 新潟 | | | | 3 | 3 | | | | | |
| | 山梨 | | | | 2 | 2 | | | | | |
| | 長野 | | | | 1 | 1 | | | | | |
| | 静岡 | | | 1 | 2 | 3 | | | | | |
| 中部 | 岐阜 | | | | | | | | | | |
| | 三重 | | | | 1 | 1 | | | | | |
| 四国 | 徳島 | | | | | | | | | | |
| | 高知 | | | | 1 | 1 | | | | | |
| 合計 | | 15870 | 2814 | | | 6114 | 129423 | 265156 | | 279 | |

### 表3　いわて生協沿岸事業所の被害

| | |
|---|---|
| 釜石支部 | 津波で浸水、建物損壊、業務用乗用車2台流失 |
| けせん支部 | 津波で浸水、建物損壊、配達トラック4台・灯油ローターリー1台流失 |
| 宮古支部 | 配達トラック3台流失 |

### 表4　いわて生協内陸事業所の被害

| | | |
|---|---|---|
| 盛岡市 | Belf青山 | スプリンクラー作動し放水、壁や蛍光管などの落下 |
| 奥州市 | コープ水沢Aterui | スプリンクラー作動し放水、空調設備落下、シャッター損壊 |
| 一関市 | コープ一関COLZA | 防炎ガラス破損・落下、壁に亀裂 |
| 滝沢村 | いわて生協本部 | 事業本部棟で正面玄関の風除室倒壊、2階一部破損<br>加工物流棟で配水管の破損があり2日間休業 |

### 表5　いわて生協組合員の被害

| | |
|---|---|
| 共同購入の組合員 | 4,200人の利用がストップした |
| 無事を確認 | 17,227人（92.8%） |
| 死　亡 | 188人（1.0%） |
| 行方不明 | 1,079人（5.8%） |
| 未確認組合員 | 1,129人（6.1%） |

沿岸地域の組合員は18,554人（2011年9月28日現在）

### 表6　コープ共済（CO・OP共済《たすけあい》《あいぷらす》、CO・OP生命共済《あいあい》《新あいあい》、CO・OP火災共済・自然災害共済で支払った共済金・見舞金の件数

| | |
|---|---|
| 震災関連の共済金支払い | 524件 |
| 異常災害見舞金 | 4,620件 |
| 火災共済・自然災害共済との地震等災害見舞金・地震等共済金 | 872件 |

### 表7　いわて生協職員の被害

| | |
|---|---|
| 死　亡 | 本人1人　家族11人 |
| 行方不明 | 本人0　家族6人 |
| 家屋全壊・全流失 | 44 |
| 家屋半壊 | 14 |
| 一部壊・床上浸水 | 37 |
| 自家用車両の流失 | 52台 |
| 委託先：けせん支部灯油配達員 | 1人　死亡 |

## 被災地・被災者支援活動のふりかえりと二〇一二年度方針

いわて生協における被災地・被災者支援活動の、二〇一一年のふりかえりと二〇一二年度方針は下記である。

### 1．二〇一一年度の支援活動

いわて生協では三・一一の震災発生後に、組合員活動との連携や全国の生協からのたくさんの支援を受けながら、その事業の復旧と被災者・被災地支援に取り組んできた。震災直後から、日本生活協同組合連合会（以下、日本生協連）をはじめ全国の生協が応援に入ったことで、支援物資の配送、炊き出しや移動販売などの緊急を要する被災者支援に大きな役割を発揮できた。また、入手困難な中で全国の生協から燃料の提供を受けたことも、今回の支援活動を支えた。

店舗は震災直後から店頭販売も含めて最大限の供給努力をし、地域住民や組合員からは、「生協が一番良かった」と高く評価されている。共同購入や共済など、被災者に寄り添った事業の復旧・展開をしたことや、広範な組合員ボランティアの組織、被災地の組合員と力を合わせた生協まつりやフェスタの開催・成功は、被災者と被災地で暮らす人々に元気を与えるものとなり、いわて生協への一定の評価になってきている。また、組合員からの「岩手にいわて生協があってよかった」という声にみられるように、いわて生協の活動を支持する組合員の、確信にもつながってきた。

一方、震災時の本部に求められる初期対応には、多くの課題を残した。大きな被害が沿岸に集中し、内陸からの情報収集が困難だったことはあるが、緊急時に必要な発電機や、情報収集の手段が準備されていなかったことが、一層対応が遅れる原因になった。被害の大きかった事業所の復旧と常勤者への支援は、被災地域への支援活動を行う上では重要であり、より効果的な支援が必要だった。実際に体験する中で震災対応マニュアルの不十分さも明らかになり、今回の震災による教訓から、全面的な見直しが求められている。

またいわて生協では、多くの被災地支援活動に取り組んできたが、常勤者の支援活動への参画や、より幅広く多くの組合員の力を結集する点では、弱さを残している。かつて経験したことのない震災だが、この復旧・復興活動に関わる中での常勤者の協同組合人としての成長、地域や他団体、行政との連携が今後のいわて生協の発展や、社会的役割の発揮につながるという視点から見ても、二〇万人組織の力を発揮して、より広い長期的な視野での取り組みが求められた。


〈被災地・被災者支援活動で重点としたこと〉

第1四半期（三・一一〜六月）人道的緊急支援活動、支援物資提供や炊出しなど。

普段見かけない人たちも集まって交流することができた「夜のお茶っこ会」。（写真提供・野口武）

第2四半期（七月～九月）事業の復旧と被災地ニーズの変化に対応した支援活動。
第3四半期（一〇月～一二月）被災者の生活再建、コミュニティづくりへの支援。
第4四半期（一月～三月）地域再建、生活再建への支援。

## 2. 一二年度の震災支援活動に向けて

岩手県の復興計画をはじめ、各自治体の復興基本計画が作成されてくる中で、今後の支援活動は地域の復興の取り組みに対する支援が重点になっていく。被災県の地元の生協として、自治体や社会福祉協議会、ボランティアセンターなどとの連携を強め、被災地の復興や被災者支援の活動をより主体的に担い、全国に発信していくことが重要になってくる。

また、現地の状況やニーズを把握しながら、地域の生業《なりわい》復旧による生活再建や、地域で主体的に形成されるべきコミュニティづくりへの支援を、生協の事業や組合員活動の両面から具体化を図っていく。一方、引き続き直接的な支援が必要な被災者も多く、その支援についても継続して取り組んでいく。

「社会保障と税の一体改革」として消費税率の引き上げ案が、政府・与党から出されている。この間、反対してきたＴＰＰ参加問題とも合わせて、震災からの復興を阻む政策が立て続けに出されようとしている。被災地・被災者の支援活動も、組合員の暮らしを守る運動と一体となって、いわて生協の取り組みとして広げていかなければならない。

震災復興二カ年計画で柱に掲げた、「二〇一二年度からの新たな発展のための事業展開に向かえるようにする」上でも、また、第七次中計を作成していく上でも、震災からの復興支援活動を通じた地域への社会的貢献は、今後のいわて生協の発展につながる重要な意味をもってくる。二、〇〇〇人常勤者と、二〇万人組合員の力を引き出し、常勤者の成長や組合員の増加と活動の広がりで、組織の強化と発展をめざす。

（1）多くの組合員が参加し、全国の生協の仲間や他団体と連携した支援活動を進める。

（2）ＣＶＣ（コープ・ボランティアセンター）で、被災地・被災者への直接的支援を継続する。

（3）買い物弱者への支援や買い物の利便性をはかる支援を強化する。
（4）産直提携先・アイコープ製造委託メーカーの復旧・復興支援を継続する。
（5）県内被災メーカーの製造再開品の供給で再建を支援する。
（6）被災地事業所で働く生協常勤者を支援する。
（7）いわて生協の取り組みなどの情報発信を強化する。
（8）新たな「支援体制の編成」および「復興支援基金の活用」

## 多様な支援活動が

いわて生協は、共同購入や店舗事業を基盤にし、多様な支援活動を展開してきた。二〇一一年一二月開催の、「みんな笑顔で民謡を楽しもう！　いわて生協・歳末コンサート」もその一つである。一七日に大船渡《おおふなと》市の綾姫《あやひめ》ホールで、一八日に宮古市のグリーンピア三陸みやこで行われ、仮設住宅の方を中心にたくさん来場した。唄、三味線、日舞、尺八、鳴り物などで、岩手の外山節《そとやまぶし》をはじめ、ソーラン節や大漁うたいこみなどが演奏され、二〇〇人が楽しんだ。終演後は、会場の外で甘酒とおしるこの振る舞いもあった。

参加した組合員の声である。

「仮設住宅は狭いので、自宅で過ごすようにはいきません。このような音楽のイベントがあると、ほっとしますね。本当に楽しかったです。震災から早くも九カ月が過ぎ、今でも仕事や生活で困ったことや不安なことはたくさんあります。たとえば、仮設住宅にはお仏壇を置けず、ご供養できないのが寂しいですね。仕事がないので若い人は都会に出てしまい、過疎化が一層進むのも心配です。不安の多い中で、生協の役割は大きいと思います。これからも生協が、イベントや毎日の生活に密着した活動を続けてくださり、地域を明るくしていただけると嬉《うれ》しいですね」

他の生協からの協力で取り組んでいる企画もある。

二〇一二年六月末にコープかながわは、陸前高田市にある二カ所の仮設住宅で、いわて生協の協力のもと「夜のお茶っこ会」を同時開催し、コープかながわの職員と組合員など一四人に加え、コープとうきょうの職員二人も参加した。勤めのある男性も来やすいよう夜に開催し、八人の男性たちはお酒を飲みながら今後の復興などについて語り合い、楽しく交流していた。

またコープえひめ、こうち生協、とくしま生協、コープかがわの四国四生協は、二〇一二年五月より毎月一回、いわて生協の「ふれあいサロン」に、地元の銘菓を提供している。そのつながりで四国四生協のメンバー一〇人が、七月に陸前高田で開催したいわて生協の「ふれあいサロン」を訪問した。

他方で福井県民生協は、二〇一二年三月に「被災地に花を咲かせよう」プロジェクトを実施した。組合員が一口一、〇〇〇円で申し込むと、グラジオラスの球根が組合員本人に一袋（五個）届き、同時に岩手県内の被災地に一袋（五個）贈られる内容で、約三万個の注文があった。その二万五、〇〇〇個は、いわて生協を通じて、被災地支援を行っている団体や、被災地の福祉施設・保育施設へ贈られた。パッケージの全てに、次のメッセージが貼ってあった。

「花と笑顔があふれるようになる日まで、私たちはみなさんを支援し続けます。組合員一同」

いわて生協の菊地《きくち》靖《やすし》専務理事は四月の贈呈式で、「花が地域の景観をよくすることはもちろんですが、球根を住民みんなで植えるという協同の作業にも意義があります」とあいさつした。

多彩な協同が、被災地岩手県の各地で展開されている。それらを以下で紹介したい。（2012年8月26日）

# 2部

# 被災者の笑顔を

岩泉町
滝沢村
盛岡市
雫石町
マリンコープDORA
宮古市
矢巾町
紫波町
山田町
花巻市
大槌町
西和賀町
遠野市
北上市
釜石市
金ケ崎町
中央公民館
住田町
大船渡市
奥州市
陸前高田市
平泉町

日常の店舗や共同購入（宅配）、CO・OP共済などの仕事を通じて、被災者や被災地に貢献することが何よりも大事である。その上で復興のために、個人で工夫すれば貢献できることはいくつもあるし、もし個人で無理であれば、志を同じくする数名の仲間が力を合わせて成果をあげることもできる。

こうした被災者の笑顔を広げる取り組みは、協同組合の原点に通じるものである。と言うのも、協同組合のスローガンで必ず出てくる「一人は万人のために、万人は一人のために」は、古代ゲルマン民族の諺《ことわざ》で、万人が対象ではなく顔の分かる仲間のためであり、それも一人の誰かに行動することを呼び掛けているのでなく、私が実践することであり、「私は仲間のために、仲間は私のために」が真意に近い。私や仲間のできる範囲で協力し、復興に向かって一人ひとりが主体的に取り組むことによって、被災者の笑顔につながっている。

# 第3章 被災者が被災者に寄り添い【福士久美子さんの支援】

**お母さん、天国で見守って**

「おかあさんへ
いつも本当にありがとうね♡
いつも夢に出てきてくれて嬉《うれ》しいよ(^.^)
いつも笑顔で優しくて　やっぱりお母さんはステキ(^.^)"♡"
体育館がとりこわされても
この場所の事　絶対わすれないからね！
本当にありがとう"♡"
大好きなおかあさん、
　天国で私たち家族を見守ってね！
　これからもがんばるからね！」
「夢に出てくるお母さんも

いつも変わらない優しい笑顔のお母さんで
天国でもみんなと仲良くやっているのかな～って、安心してるよ。
何をするにもいつも一生懸命で前向き
家族のこと　みんなのことを1番に考えてくれる
優しいお母さんだったね。
　これからもみんなのこと
　　天国で見守っててね」

陸前高田《りくぜんたかた》市の津波が襲った中央公民館の白い壁面に、二人の娘さんが、亡き母へ感謝の思いを込めたメッセージを黒い字で書いていた。この情報を私に教えてくれたいわて生協の理事の福士久美子《ふくしくみこ》さん（62歳）は、長年陸前高田に住み、中央公民館でも長く働いていたことがあり、この壁に書かれている「お母さん」についても心当たりがあった。

陸前高田市の中心地にある中央公民館の横には、避難場所に指定された市民体育館があった。数百人が避難していた体育館を津波が襲い、三角形の天井のわずかな隙間で息のできた三名だけが生存し、津波の去った体育館には一〇〇名近い遺体が残った。

ところで福士さんは、震災後はいつも願いを『久美子通信』に託し、各地の知り合いへ発信してきた。中央公民館の壁や図書館に関連しては以下のとおりである。

「私は今、宮古市在住ですが、三十数年陸前高田市に住んでいましたので、家族の歴史は陸前高田にあります。子育て、仕事、地域活動と、いろいろな場面でご一緒した実に多くの方の大切な命が、無念のまま流されてしまいました。震災後に微力ですが、高田への想いを活動に活かしてきました。

今回は、陸前高田市図書館ゆめプロジェクトの案内を同封させていただきます。いつものことですが、決して無理のなきようにお願いします。

私は十年間、陸前高田市教育委員会の非常勤職員として勤務していた場所が、中央公民館でした。悲劇の体育館に隣接し、博物館と図書館を合わせた四館で、体育文化センターとして存在していました。『お母さん　天国で見守って』などの新聞記事は、思いがけず同僚だった人の娘さんたちが書いたものとわかりました。同僚の彼女は、避難してきた市民を温かく迎え入れていたことでしょう。想像できます。二〇〇五年三月まで、私も一緒に勤務していました。

なお四月五日には、コープかがわの皆さんが、陸前高田市に来てくださり、戸羽太市長との懇談もしました。

『障がいのある方にも優しい、本当の意味での世界に誇ることのできる町づくりを目指

します』とのお言葉でした」（二〇一二年七月一一日）

なお、陸前高田市図書館ゆめプロジェクトとは、賛同者が不要になった本を寄贈し、その売却代金を市に寄付してもらい図書館を再建する計画である。

こうして福士さんは、自分にできるところからいろいろな支援に取り組み、震災の直後からいくつもの熱い思いを込めた『久美子通信』を、その都度コツコツと発信し続けている。そのいくつかを紹介する。

「生かされた者として

三月一一日のその時、私は近くの岩壁で大鷲《おおわし》のウォッチング中でした。大きな揺れで、すぐ家に戻り避難場所へ行きました。魚市場方向を見ると、海水が市場の屋根まで襲い、我が家のある沢を海水とともに家屋や車などが押し登ってくるのが見えました。『我が家もダメだな』と覚悟しました。家に戻ると車は水に浸かりダメでしたが、家はギリギリセーフで水が入らず幸運でした。我が家の五軒下の家は流され、二軒下までは一階に水が入っていました。

被災後一週間ほど携帯電話は使えませんでしたが、その前に家族全員の無事を確認していたので、安心して避難生活を送れたことも良かったです（今は家族が五カ所での生活です）。三月末まで避難所生活を送り、四月から自宅にいます。三月二六日に陸前高田へ行き、破壊的な惨状に涙が止まりませんでした。

今回の震災で、安否を心配してくださるたくさんの方が私にもいてくれたことに、心から感謝して近況のお知らせです。生かされた者として、これからの課題も残りました。復興には長い時間が必要となります。皆さんには、岩手に関心を持ち続けていただけたら幸いです」（二〇一一年四月六日）

**全国から傘を集めて**

四月になっていわて生協の店で、全国から集まる支援物資コーナーでボランティアをしていた福士さんは、これから雨の多い季節になり、津波で全てを流されてしまった被災者は、傘が必要になると考え取り組んだ。

「緑の美しい季節を迎えています。このたびは三一九本もの傘が届き、ありがとうございます。被災当初は本当に物がなく、避難所では、食料、下着、衣類、燃料など、あらゆる物が不足していました。四月一七日以降は、個人で傘を集めたいとつぶやいたところ、全国から五月二七日までに九二九本も集まり、子ども映画会の開催のときなどに避難所へ持っていき、大変喜ばれています。私の活動範囲が、宮古《みやこ》市、釜石《かまいし》市、大船渡《おおふなと》市、陸前高《りくぜんたか》田《た》市ですので、必要な所に必要な物を提供できる強みがあります。皆さんからお預かりした傘は、昨日、鍬ケ崎《くわがさき》小学校に一五〇本、宮古二中に七〇本と避難者の数だけ届けました。残りは七月二日に釜石市で開催の、いわて生協支援コーナーで渡すために確保しています。

プレゼントとは、プレゼントしたい人、受け取る人、そして贈り物の三つが揃《そろ》わないと成立しないので、プレゼントって素晴らしいことだそうです。今回の傘は、私の『傘がほしい』とのつぶやきを聞いた方が、まわりの方へ同じつぶやきを伝えてくれたので実現したもので、本当に嬉《うれ》しく広がりに感謝しています」（二〇一一年五月二七日）

「私はこのところ、陸前高田に通っています。沿岸の中でも最も被害の大きかった陸前高田市の中にある、気仙町の漁村センターへ五月一九日に行きました。一五〇人の避難者から、何が欲しいか聞いたリストの中に、はえ叩きがありました。この地区でも、魚の腐敗臭に苦しんでいます。私はマスクをしていましたが、それでも相当の臭いでした。魚は津波で破壊された水産加工会社の冷凍冷蔵庫から流れ出たもので、従業員を会社はすぐ解雇し、ゴールデンウイークにボランティアさんが回収作業をしましたが、がれきに阻まれ進んでいないのが現実です。はえも多数発生し、これからの時期に衛生面で不安が募りましたが、そんな環境の中でも、皆さんで助け合って頑張っている姿がありました。

さて皆さまからお預かりした四〇三本の傘は、陸前高田市《りくぜんたかたし》の広田小《ひろた》、長部《おさべ》漁村センター、大船渡市の避難所、また宮古市で女性市議さんが開催している支援物資のコーナーへ、それぞれお渡しすることができました。広田小では、『これまでは透明のビニールの傘だったが、色の着いたもので嬉しい!!』との声がありました。本当にありがとうございました」（二〇一一年五月二四日）

福士さんのお姉さんが山梨に住んでいて、その子どものつながりでお願いしたり、ご主人のいとこである秋田の方などから届き、約一カ月で一、二三五本もの傘を集め、避難所や巡回映画の会場などで被災者に届けている。

また、冬になると被災者の中には、寒くてカイロを敷いて寝ている人がいることを知った福士さんは、暖房のためにと呼び掛けて、電気毛布三〇枚を集め必要な被災者に渡した。

福士さんの行動力に驚くと同時に、発信すればこれだけ多くの方が応えてくれたことで、改めて同じ志を持つ人が集まったときのパワーを実感できる。

## ふれあいの音コンサート

陸前高田市と福士さんの関わりの中で、「ふれあいの音コンサート」は大きな位置をしめ、震災を契機としてその輪はさらに広がりつつある。

「秋の色も日増しに濃くなります。私は一〇年以上も前に、陸前高田市の教育委員会で働いている時に、障がいの有無に関わらず、皆が音楽でつながって手を携えて生きていこうというコンセプトの、教育委員会主催による『ふれあいの音コンサート』に関与しました。そのとき富山県のシンセサイザー奏者の滝沢卓《たきざわたく》さん（53歳）が、ゲストとして来てくださったご縁があり、その後もずっと交流を続けています。震災後に滝沢さんからも陸前高田市や宮古市へも支援物資を運んでいただいて感謝しています。

『状況が落ち着いたら、滝沢さんには楽器を持って来てもらい、無念のまま流されてしまった多くの霊を慰め、たくさんの被災者を癒やすため音楽を届けて欲しい』とお願いしていました。それが実現し、六月には陸前高田市の避難所を中心に、一〇月一〇日からの四日間は仮設住宅中心に一〇カ所でコンサートを開催しました。

会場では、『癒やされるひと時を過ごしました』とか、『優しい音色に涙が出ました』などと、多くの方々に喜んでいただきました」（二〇一一年一〇月二〇日）

滝沢卓さんとの交流は継続し、二〇一二年八月二五日には、陸前高田市で開催した「ふれあいの音コンサート２０１２　～絆～」へとつながっている。このコンサートについて滝沢さんは、次のようにブログで触れている。

「目的　津波による被害がもっとも大きかったと言われる陸前高田市と、射水市《いみず》（富山県）の音楽家たちが、合同で被災地にてコンサートを開催し、被災地の人々を励まし両市の交流を築きます。

概要　二〇〇一年から二〇〇三年まで、ふれあいの音コンサートなどでお世話になり、少しでもご恩返しをと震災後に支援物資を届けたり、避難所や仮設住宅で演奏させていただいている中で、陸前高田の多くの人が参加し作り上げる曲があったらと思いました。いつしかメロディーができ、それを陸前高田の音楽仲間やお世話になった方々に聞いてもらい、いつか再び『ふれあいの音コンサート』を、という共通の思いとなりました。歌詞は、陸前高田の菅野《かんの》紀子《のりこ》さんにつけていただきました。子どもたちの歌を中心に、バンド、ブラスバンド、その他いろんな人が参加し、明るい未来に向けての希望をイメージする曲になればと思います」

また滝沢さんは、「コンサートは慰問ではなく、被災者も一緒に演奏し歌う主役で、『客席から舞台へ』が一つのキーワード」と期待を込めている。

主催は同実行委員会で、いみず市民メディアが協力して陸前高田市と富山県射水《いみず》市が後援し、両市のミュージシャンや現地の子どもたちや障がいのある人たちも参加し、演奏したり歌ったりした。出演は、陸前高田の子どもたち（合唱）・ひかみの園・作業所きらり・ウインドアンサンブル一期一会・ぽんぽんアンサンブルソサエティー・大平美希・野上宏治・滝沢卓・ＴＭＣ（たかたミュージックサークル）の皆さんであった。

また曲目は、「ＴＡＫＡＴＡ ＭＩＲＡＩ（器楽のみ）、シング・トップオブザワールド、

多くの想いが結実した「ふれあいの音コンサート2012 ～絆」（写真提供・正木之生）

ドレミの歌、手のひらを太陽に、こきりこ、安居さん尺八ソロ、あしたがあるさ、星めぐりの歌、希望の光、クラッシックメドレー、童謡メドレー、アニメメドレー、ねがい、TAKATA MIRAI、ふるさと」と続いた。TAKATA MIRAIは、滝沢さんたちが作った復興支援のオリジナルソングである。なお司会は福士さんで、会場の高田一中の体育館を約二〇〇名が埋め、心のふれあいの音楽を皆で楽しんだ。

ある参加者は「当時と同じ素晴らしいコンサートで、津波で亡くなった方もここに来て一緒に喜んでいました」と話していた。

**ユニセフ（国際連合児童基金）の活動も**

頼まれて二〇一二年から福士さんは、岩手

県ユニセフ協会の東日本大震災復興支援担当にもなっている。その分野の活動についても話してもらった。

「ユニセフの取り組みは、二〇一一年は緊急の支援物資中心でしたが、二年目の今年は子どもの保護が中心になっています。震災で岩手県には、親が亡くなり保護者もいない孤児が九三人と、片方の親は亡くなったけど誰か保護者のいる遺児が四八一人もいます。その遺児の約四割は父子家庭ですが、母子家庭への支援はあっても、父子家庭への援助はほとんどありません。

ところが三〇代のある男性は、津波で小学生の子どもと二人になってしまいました。不安を抱えて自分を待っているであろう子どものことを考えれば、(夕方)五時になれば家に帰らなければならず、子どもが病気になれば休んで看病をし、以前のように安心して仕事はできません。慣れない家事のことなど苦労があります。父子家庭になった父親を支援するための、『お父さん支援員』の人材育成研修もユニセフで実施しています」

震災後の子どもを支援するため、ユニセフではきめ細かい大切な対応をしている。

ところでユニセフは、第二次世界大戦で被災した子どもたちの救済を目的に、一九四六年に設置された国連総会の補助機関で、一九五五年に設立された(公財)日本ユニセフ協会は、世界三六カ国にあるユニセフ国内委員会のひとつである。岩手県ユニセフ協会は、日本ユニセフ協会の地域組織として、ユニセフのネットワークを岩手県において促進するため、二〇〇一年に日本で一〇番目の支部として設立され、事務所はいわて生協本部の建物にある。

日本ユニセフ協会は、岩手ユニセフ協会と連携し、①緊急支援物資の提供、②保健・栄養支援、③教育支援、④心理社会的支援、⑤子どもの保護、⑥子どもにやさしい復興計画の大切な各テーマに取り組み、貴重な成果をあげて引き続き支援をしている。なお、ユニセフの日本での活動は、約半世紀ぶりのことであり、世界中の人たちが温かい支援の手を差し伸べている。

いわて生協は、岩手県ユニセフ協会に協力するため、店に募金箱を設置、共同購入での取り組み、ハンド・イン・ハンド募金、書き損じや未使用ハガキの取り組み、カレンダー募金、東北の他の生協と一緒にネパールへの指定募金などを進めている。

福士さんのさわやかな微笑みを見せる場が、これからも被災地で続くことだろう。（2012年8月30日）

# 第4章

# 被災者のため今できることを
## 【いわて生協マリンコープDORA《ドラ》統括店長・菅原則夫さん】

### 思いがけずボランティアが何人も

「店内は何人ものボランティアに手伝ってもらい、皆で頑張ってやっているんだ。待つぐらいは何でもねえべ。それくらい我慢しろ。いやだったら出て行け！」

いわて生協マリンコープＤＯＲＡ統括店長の菅原則夫《すがわらのりお》さん（51歳）は、目を吊り上げ手にした拡声器で怒鳴った。

二〇一一年三月一六日のことである。宮古市にあるマリンコープＤＯＲＡ（以下、ＤＯＲＡ）の店頭であった。震災直後の商品がなく混乱した中で、職員たちは忍耐強く店の開店準備を続けていたが、並んでいる一人の男性から「早く開けろ！」と怒鳴られ、思わず菅原さんは叫んでしまった。

この日は昼に一度閉鎖し、職員全員で商品を補充して店の再開を目指していた。その間も、店の外には長蛇の列ができていた。どうにか補充が終わり、再び店を開ける直前の罵声であった。

津波で車をなくして、避難所から買い物に出かけることのできない人も少なくない。それに比べると被害に遭わない人は恵まれているのに、自分のことだけしか考えないのは許せない思いがし、それを抑えることができなかった。常識的には店長として言ってはいけない言葉ですぐに後悔したが、逆にそれをきっかけにして思いがけず列の中から、ボランティアをする人が何人も出てきたので菅原さんは驚いた。それまでは雑談したり携帯電話に夢中になって、店からの注意を聞かない高校生の中からも、ボランティアの希望者が出た。すぐに店の中へ入ってもらい、職員の指示で一緒に商品補充を手伝ってもらった。

やっと開店の準備ができ、ドアを開けるときであった。

「補充を手助けしてくれたボランティアさんから、まず買い物をしていただきます」

菅原さんが店内放送をすると、並んでいた誰からともなく拍手がおこった。心ない意見が出るのではと心配していた店長や他の職員は、ホッとすることができた。

マリンコープDORAは、宮古市内にある一、二階の総売場面積二、三一七坪のショッピングセンターで、食品と衣料の直営部分でも一、〇〇五坪あり、営業時間は朝一〇時(日祝日は九時)から夜八時までで、駐車場は六〇〇台分ある。これを正規一八名とパート・アルバイト一〇四名で経営している。なおテナントは、化粧品や美容室など二三店舗もあり多彩である。

## 高校生ボランティアの活躍

菅原さんは、安全を確保して震災の翌日に店頭販売をし、一三日から店内で営業した。開店時には殺到する人々に買い占めをしないように呼び掛け、パニックにならないように注意した。そんなとき高校生を含めたボランティアがいなければ、震災で出勤できない職員もいたので、混乱したDORAをスムーズに運営することは困難であった。手伝ってくれたのは、品出しだけではない。店長が店内放送で伝えたことを、いつもフォローしてくれた。

「買い物カートの使用は、余震続きの中で凶器にもなり危険です。お年寄りや身体の不自由な方はカートを使っていただきますが、普通の方はカートの使用を控えてください」

ボランティアの高校生にカート置き場へ立ってもらい、通常の方や子どもには使わないよう個別に呼び掛けをしてもらった。

「靴の泥を落としていただくようご協力ください。熱々のコロッケやチキンなどを出したいのですが、土埃《つちぼこり》があって出せません。職員やボランティアさんが、しゃがんで雑巾がけの床掃除していますので気を付けてください」

汚れた長靴での来店者が増えて靴に付いた泥が店内に落ち、乾燥して散乱するため床が白くなり、衛生管理上からも問題となった。各部門から三名とボランティアも加えて、二時間おきに床の雑巾がけをしながらの営業となった。

こうして少しずつ異常な状態はなくなったが、それでも開店前に人々が並ぶ状況が一カ月以上は続いた。

## お母さんにせめて浴衣を

震災直後の三月一五日のことであった。ＤＯＲＡの衣料売場に来た若い女性は、静かな口調で店員にたずねた。

「津波で亡くなったお母さんとのお別れに、せめて浴衣を着せたいのですが、どこかで売っていませんか？」

係からその話を聞くと菅原さんは、すぐに店内放送で来店者にお願いをした。

「津波で亡くなられたお母さまに、せめて浴衣を着させてあげたい娘さんがいます。ご家庭にご不要の浴衣がございましたら、ぜひよろしくお願いします」

声を詰まらせながら菅原さんは、何回も放送した。するとその日の内に何着も届き、四○着が数日で揃《そろ》い希望者へ手渡すことができた。

そのことがきっかけになり、その後も靴、衣服、台所用品などが集まって、約二、○○○人の被災者に提供することができた。さらに同市内田老地区の合同慰霊祭で、「喪服を着て葬儀に参加したいが、何もない」という組合員の一言から、地元だけでなく全国の生協にも呼び掛け、喪服を約五、〇〇〇人に届けることができた。これらの取り組みは、いわて生協の理事・監事・組合員・職員などの協力があってできたことで、多くの被災者の方々に感謝された。菅原さんにとっては、この喪服を集めて届ける活動は、被災者に震災後初めて役立つことができたと実感できた取り組みだった。

## 地域への貢献

宮古市の田老地区と山田町の被災した生協組合員から、車をなくしたのでＤＯＲＡまで買い物バス運行の要望が出され、いわて生協はこれに応えた。ところが偶然にも、地元の人たちが運営するプレハブの田老仮設店舗がオープンする日と重なった。そのため田老町商工会議所の専務さんが、ＤＯＲＡの事務所へ抗議のため怒鳴り込んで来た。

「配慮が足りん。震災から、やっと立ち直ろうとする商売を、コープは邪魔する気か！」

驚いた菅原店長は、田老の組合員一、六〇〇人の声に応えただけであり、誤解であることをていねいに説明した。後日に誠意を具体的に見せるため、その仮設店舗へ菅原さんは、生協のサッカー台など什器《じゅうき》類を集め、大型トラック二台分を提供して事業を応援した。

このことがきっかけで宮古《みやこ》市商店街とＤＯＲＡの協力関係も強まり、商店街主催の手踊

巨大な船のような、いわて生協マリンコープDORAの外観。

りで有名な秋祭りにも積極的に参加し、さらには宮古市産業祭りにも宮古コープの組合員と一緒に出かけた。

### 経営を支えることが最大の応援

ＤＯＲＡで商品がなくなり、商品部へ連絡しても「仕入れが不足し、他の店も大変だから我慢して欲しい」とのことであった。菅原店長にしてみれば、津波の被害の大きかった宮古市の店と、被害のほとんどない店を同じに扱うのは不満であったが、入荷が少ないのであれば仕方がないと諦めていた。

この頃、本部とＤＯＲＡの温度差を何度か感じた菅原店長は、辞めてしまいたいと悩んでいた。そこで、飯塚《いいづか》明彦《あきひこ》理事長（58歳）に何回かメールで直接相談したところ、快く応えてくれた上に、「必要なことはドンドン提案し実践してください。ほうれんそう（報告・連絡・相談）が何よりも重要です。よほどおかしいことでない限り、否定はされないと思います。地域や被災者への思いは一緒だから」と結んでくれた言葉が、何よりも菅原さんの力になった。

こうした中でＤＯＲＡの店長として、以下の達成を心に刻んだ。

①一番は、年間で一億円以上の黒字を最低出す。生協が黒字経営になることで、もっと被災者への支援ができるし、復興のスピードを上げるためにも、経営を支える店になることが最大の応援となる。

②組合員加入も全力で取り組む。

③レジ袋の節約は九割以上を目指す。早く有料化し、レジ袋代は義援金にしたい。

④元気一番店を目指す。

もちろん店長だけでできる課題ではない。いくつもの打ち合わせを通し、職員と思いを一致させながら進めていった。

## 被災した職員から理事会と労組への感謝の手紙

いわて生協の理事会と労組は、被災した全ての職員に対して二〇一一年四月に見舞金を支給した。内部規定にはなかったが、できるだけ早く出したい思いもあり、常勤理事会で決定し、四月一五日付で一人ひとりに直接役員が会って渡した。それに対して多くの職員から感謝の手紙があり、以下はDORAの職員からの一部である。

「この度は、たくさんのお見舞金を頂きまして有難うございました。国からの補助もまだない時のお見舞金は、本当に助かりました。津波で何も流された私たちですが、おかげ様で仕事をする事は幸せだと思い、これからもがんばっていきます。本当に有難うございました」（農産一同）

「田老《たろう》で一年前にリフォームした家も、愛車も流失しました。夫は右腕をケガし、まだ休職中ですが家族は皆無事で、少し高台の残った古い家で家族五人元気に生活しています。ライフラインも四〇日ぶりに完全復旧し、やっとこれからを考えられるようになりました。一カ月も休職したにもかかわらず、復帰させていただき仕事が出来る幸せを感じていました。そこに思いもよらぬ多額のお見舞いまでいただき、皆様の温かい気持ちを心から強く感じました。これからは皆様の応援に応え、また少しでも恩返しできるように、元気を出して前に進みます。本当にありがとうございました」（惣菜）

中には親からの手紙もあった。

「この度は格別な御厚情をいただき誠にありがたく、家族ともども感謝いたしております。娘は職を得て働き始め一年でございます。いまだ一人前になれず職場のみなさまの助けを要する娘ですが、店長をはじめベテランの方々と共に働く喜びをもっております。このたびは私どものために、生活に必要なさまざまな品々をくださったのは、職場の先輩同僚一人ひとりの皆様であります。私達は東京より引っ越して三年足らずの一家ですが、マリンコープＤＯＲＡの温かさと明るさを愛しております。

それから震災の三日後に娘が、職場で挫《くじ》けそうになった時、菅原店長の言葉により立ち直ってくれたことは、私ども夫婦と娘、心より感謝しお礼申し上げます」

手紙を受けた飯塚理事長から、菅原店長へ手紙のコピーと以下の文が届いた。

「被災されて大変な暮らしの中で、こうしたお礼の手紙を送ってもらい、とてもうれしく涙ながらに読まさせていただきました。お手紙の数々は、震災にあたって菅原店長を先頭に、本当にがんばったＤＯＲＡのみなさんに宛てたものだし、何よりも菅原店長の一生の宝物です。被災された職員の苦労は、まだまだ続きます。以前の暮らしを取り戻すまで、みなさんで引き続きの心配りとできる支援をお願いします」

いわて生協における職員間の強い信頼関係をみることができる。

## 震災後の教訓

震災後二カ月間は毎日が目まぐるしく変化し、菅原さんは一時も気を休めることができなかった。いくらかゆとりができたときに、この間の振り返りを次のように語っている。

「第一に、何が起きているかわからず、とにかく自分でできることをやるだけで、拡声器を持って訴え続けてきたものです。『一人は万人のために、万人は一人のために』という生協精神が、大震災の非常時に一番心の中にあったものです。他の全ての職員もこの考えは、日頃から宿っていたから乗り切ることができたと思います」

本部との連絡を取ることができないときに、何を指針にして働くのかである。被災者に目線をしっかり当てたことが、地域の求める支援活動を進める上で大きく貢献している。

「第二は、生協の災害時マニュアルが役立ったことです。どうすればいいのか困ったとき、懐中電灯を使って読んで確信することができました。マニュアルを普段から全員で共有し、それに沿った訓練も大切で、備えあれば憂いなしを実感することができました」

たとえマニュアルの想定外が発生しても、ヒントになることは多い。また菅原さんは、以前に本部で震災マニュアルを担当し、被災した複数の生協の事例を知っていたことや、日本コープ共済生活協同組合連合会（コープ共済連）のまとめた『新潟から有難う』を読み、震災時の経験をいくつも知っていたことが判断材料になった。

「第三は、ひた向きな職員の人間力によって乗り切ったことで、いわて生協の『常勤者の行動指針』が活きました。組合員のために生協はあるとの精神を、普段から店長として言い続け、その精神が職員に宿っているかどうかによって行動が大きく違い、心で動く部門と損得で動く部門があり、教育の不十分さを痛感したものです」

効率や経済性はもちろん大切であるが、それ以上に災害時には被災者に寄り添って動くことが強く求められ、職員の人間力が問われることになる。

「第四には、繋《つな》がっていれば大半のことは出来て、逆にバラバラだと出来ることはほとんどないことが分かりました。職員と職員の協力はもちろんだし、職員と組合員の協力など、いくつもの繋《つな》がりで力を発揮することができました」

協力して助け合うことにより、一プラス一が相乗効果で三にも四にもなる。

震災で困っている人のためであれば、出来ないとは決して言わず、今出来ることをまず実践する菅原さんのスタイルが、ほぼこの期間に出来上がった。

二〇一二年度は、引き続き復興の支援と同時に、店舗の経営も維持して必要な剰余を確保しなくてはならず、底力が試されている。（2012年6月28日）

# 第5章

# 被災者の目となり、耳となり、口となる

## [かけあしの会]

### 「かけあしの会」誕生

『『かけあしの会』は二〇一一年七月に、いわて生協の有志や会社社長など五人が核となって発足し、それ以外に三〇人くらいの活動ボランティアの協力によって被災者支援の活動を行っています。震災以後にさまざまな活動を通じて被災者たちと関わっていくなかで、行政や生協に全部をお任せするのではなく、被災者のくらしの変化に対応して、私たちにできることはまず実行することが大事だと考えました。

特に会では、障がい者を含めて被災者のみなさんが元気になり、そのため何らかの方法で働いて収入を得て、自立し生きる勇気を実感できることが一番の復興と考えて応援しています」

宮古市にあるＤＯＲＡの統括店長で「かけあしの会」代表でもある菅原則夫《すがわらのりお》さんが、会の誕生について話してくれた。会の運営は五名の世話人で議論し、多数決で決めている。

なお五名とは、菅原さんの他にエムエムフーズ社長の三浦正男さん（64歳）、いわて生協

監事の福士久美子さん、いわて生協・宮古コープ代表の佐々木敏枝さん（62歳）、いわて生協理事の香木《こうのき》みき子さん（46歳）であった。ちなみに、いわて生協では地域づくりを大切にするため、県内を宮古コープのような一六のエリアに分け、組合員がその運営に当たっている。

会の発足にあたって菅原さんが出した以下の「あいさつ」文には、五名の気持ちがよく現れている。

「被災者や地域支援と復興の足音は聞こえていますが、復興に必要な力が分散して復興のスピードを感じることができず、被災者への援助も遅くなっています。

今、復興に向けて危惧するのは、格差が出ることです。困窮する人々を生み出さない支援と、困窮している方々に寄り添い、自力で生活が整うまで共に考え行動しながら支援を全力で進める会とします。

私たちは被災者の一人ひとりが、見捨てられている状態を作らないことが大切と考えます。生活再建には雇用が欠かせず、生活の安定を兼ねて地域産業への支援も図りながら、被災者の要望に応えられる支援活動を重ねていきます。被災者のために、スピードを上げて取り組むことが最も必要と考える仲間たちの集まりで、諦めなければ『夢は叶う！　夢にしないために』行動し、まさに駆け足の実感が湧いてくる活動をします」

かけあしの会世話人の、左から香木さん、佐々木さん、三浦さん、福士さん、菅原さん。（写真提供・かけあしの会）

　こうして小さな「かけあしの会」が、長い道程を復興に向かってスタートした。

## 生かされた私――香木みき子さん

「震災の発生した日は、予定だと釜石《かまいし》で午前中に生協のコーディネーター会議があり、津波の襲ってきた時間には海岸沿いの道をずっと走って宮古へ帰るしかないので、百パーセント死んでいたはずです。それがたまたま運良く会議が急に中止となったので、私は釜石へ行かずにＤＯＲＡに来て、溜まった会計の処理などをしていたのです。

　だから私の命は、震災の日になくなったものと考え、それ以降は生かされた命と考えて、他の人のお役に立つ人生を過ごそうと考えるようになったんですよ」

小柄な香木《こうのき》さんの、どこにそんな情熱が秘められているのかと驚くほど熱く語ってくれた。命を一度なくしたと思えば、後はどんな事があってもひるんだり悩んだりすることはなく、一途《いちず》に歩むことができるのだろう。

ところで香木さんの家は、宮古市内だが高台にあり被害はまぬがれたが、近くの母親の家は全壊となり、震災の後は一緒に暮らしている。

「やっとのことで家にたどりついて、家族の元気な姿を見たときはホッとしたものですよ。私は家族や家のことで頭の中がしばらく一杯で、家の中でも慌ただしく動いていました。次の日になってからですよ。『あれ、そう言えば、生協のお店はどうなっちゃたんだろう』って。それで一二日には、一番近くの宮古県立病院にあるいわて生協のコープチェリオ（チェリオ店）に、歩いて行きました」

家から国道四五号線に出て北上し、徒歩で三〇分ほどすればチェリオ店に到着する。病院の厚生施設棟にある一〇〇坪ほどの店は、停電のために照明やレジが使えず店内は混乱していた。

香木さんは、家から持っていった電卓を使ってレジ台に立ち、同じく心配してやってきた監事の福士さんと、商品の価格をどれも切り下げて五〇円単位にして読み上げながら計算してお金をもらっていた。

「こんなお札でも構いませんか？」

被災者の中には、津波のために濡れたお札を出す人もいた。

「ええ、もちろんいいですよ」

香木さんは、優しく声をかけた。チェリオ店の職員の中には、家族の安否確認のできない人もいたが、組合員のために黙々と仕事をしていた。

一三日にはＤＯＲＡへ一時間ほどかけ歩いて出かけた香木さんは、それ以降はＤＯＲＡを中心とする活動となった。五〇名近くいるコープ委員の安否確認をすると、山田町と宮古市内の津軽石で二人が亡くなっていた。避難して、ここまでは津波が来ないだろうと安心していた人が犠牲になっていた。

「何をすればいいですか？」

どうしていいかわからず店長の菅原さんに聞くと、「カートの片付けをして」と言われたので、しばらく黙々とその作業をしていた。

一七日のことである。菅原さんから、「支援物資のコーナーをお願い」と言われて、やっと生協らしい活動ができると香木さんは喜んだ。すぐに一階の催事場に会議用のテーブルを出し、「支援物資をお願いします」と手書きして掲げた。すると夕方には、被災していない若い夫婦が、布団と服を持ってきてくれた。

それから約一カ月間は、次々に来る支援物資の対応に追われた。一本の机では足りなくなり、二本から三本と増やし、それでも増え続けるので二階の広い会議室へと移動した。物資の支援も目処がつき、次はどうしようかと皆で話し合った結果、被災者を元気にする取り組みを行うことになった。
ところで生協として対応するには、当然のことながら組織としての判断や決済がいる。そのためには手続きや時間がかかり、緊急を要することには十分に対応できないこともあった。そうした場面をいくつか見た香木さんは、「あのとき私は、すぐに対応すれば良かった」と思うことが何回かあり、そうした後悔はもうしたくないと感じていた。その思いが「かけあしの会」に関わる動機となり、その後も元気で活動を継続している。

**他人のために何かを——三浦正男さん**

「あまりにも全てが壊されて変わり果てた宮古を見て、この世の終わりだと私は思いましたね。私の家族は無事でしたが、妻は田老出身で、三人も知り合いが犠牲になり、弟の家は全壊しました。それですっかり落ち込みましたが、その中でも何か私にもできることがあるのではと思っていました。宮古には被災した知り合いの企業がいくつもあり、少しでも応援したいと考えていたのです。

そんなときですよ。菅原店長から誘いを受け、私も会に加わる決意をしました」
経営する会社は、宮古市の高台にあって津波の被害はなかった。そのため「かけあしの会」が発足する以前から、復興ギフトの箱詰め作業や、あわびの貝殻でアクセサリーを作る専用の場所を倉庫内で提供していた。地元の海産物を取り扱う三浦さんは、以前からDORAへ商品を納入していた関係で菅原店長とは懇意にし、その頃から生協の組合員にもなっていた。

ＤＯＲＡを訪ねるたびに三浦さんは、生協の組合員や職員が、炊き出しや衣服などの提供といった支援活動を一所懸命している姿を見て、自分も何か被災者のために役立ちたいと考えるようになっていた。

「六四年間も生きてきて、他人のために何かしたいと思うようになったのは、これがはじめてですよ。作業場に投資して冷暖房などの環境を良くし、いずれはぜひ、障がい者の働くことのできる場所にもしたいですね」

明るく微笑む三浦さんであった。二〇一一年に「かけあしの会」の開発商品で高校生が名付けた「いかしたのし兵衛《べえ》」などは、三浦さんの会社で、男性一人と被災した女性五、六名を雇用し、各地からの注文に応じて在庫をみながら生産している。働く時間に応じて手取り額は異なるが、月に三万円から六万円になるので、仕事のなくなった被災者にとっては貴重な収入となっている。

## 被災者のための発信を続ける――福士久美子さん

「震災後にＤＯＲＡで、香木さんたちと〝支援物資〟を担当していたときです。ある男性が、洗った下着を持ってきてくれました。店では男性用の下着も売っているので、テーブルの上に置いていいものか迷いましたが、香木さんに相談すると、『分からないけど、まずは出してみたら』と言われて並べると、すぐに持っていってくれました」

いわて生協の監事でもある福士久美子さんは、安心・安全な食品を求めて生協に入って約三〇年になる。「いかしたのし兵衛」を作る機械を入手するときも、福士さんが大きな役割を発揮した。そのときの話である。

「菅原さんから電話があり、のしいかを作る機械が欲しいとのことでした。どんな機械なのかもまったく見当がつきませんでしたが、調べてみると広島に会社がありましたので、電話をしてこちらの事情を説明し機械のお願いをしました。

幸運なことに電話に出たのが社長さん本人で、工場の隅に古い機械があり、メンテナンスをすれば十分に使うことができるとのことでした。何回か相談し、最終的に機械は無償でくれることになり、後日に届きました」

大喜びした福士さんは、感謝の気持ちを表した手紙と、自家製の新巻《あらまき》サケや近くで集めたクルミと、さらには完成した「いかしたのし兵衛」などを添えて広島の会社に贈った。

「かけあしの会」のこれからの活動について、福士さんの考えを尋ねた。

「被災者の自立が会の目的ですので、いつまでも続けることはないと思います。でも被災者に必要とされる間は、多くの方へできる範囲で支援をしたいと思っていますし、また支援を通して、たとえ障がいのある被災者からも学ぶことはあります。そうした間を、『かけあしの会』でこれからもつなぎたいので、私なりの発信をさせてもらいます」

明るく発信を続ける福士さんであった。

**自然体で傾聴を――佐々木敏枝さん**

宮古地域の組合員活動の世話をする宮古コープ代表の佐々木敏枝さんは、三〇年ほど前に子どもがまだ小さいときに、安全で安心な食品を求めていわて生協に加入し、今日に至っている。そんな生協暦の長い佐々木さんは、この震災で生協に対するイメージが大きく変わったと語ってくれた。

「震災までは、生協と言えばいわて生協しか知りませんでした。他の生協の名前は知っていましたが、全国各地から職員やトラックが宮古に来たし、また支援の物資も山のように届きました。全国にあるたくさんの生協によるネットワークの強さを、私は実感することができました」

被災地を走る全国各地からのトラックは、佐々木さんが何よりも頼もしく感じた。ところで佐々木さんは、熱心なクリスチャンでもあり、所属する教会を通して広いネットワークを持ち、震災の復興支援でも大きな力を発揮したことを語ってくれた。

「何よりも家族を大切にする私たち信者は、国内外に多くいて連携しています。そこで生協で礼服を集めるときも呼び掛けて、メッセージの付いた服を多数届けてもらい、女性用には、パールのネックレスが一〇〇本も集まりました。

また、世界中の信者が断食献金と言って、月の第一日曜日に二食分を食べずに献金する教えがあり、その一部で田老町漁協にクレーン付きのトラック二台と作業用トラック一台や、陸前高田ではキノコの乾燥機を寄贈することができました」

そうした物の支援だけではない。被災者が少しでも元気になるようにと、佐々木さんは心に寄り添った関わり方を大切にしていることも話してくれた。

「震災後にＤＯＲＡで、支援物資コーナーの番をしていたときです。家を津波で流された山田町の五〇代くらいの男性が見え、『これ似合うかな？』と聞くので、『それもいいけど、もっとこちらが若く見えていいですよ』と勧めたら、嬉《うれ》しそうにあれこれ探して、帰り際にジュースをくれました。

　その方は別の日にも見えて、『母ちゃんも、家もお金も、全部流されたんだあ』と静かに笑いながら話しかけてきて、またもや『ほれ、飲んでくれ』と缶ジュースをくれたのです」

　佐々木さんの自然体の会話が、よほど嬉《うれ》しかったのだろう。もらった缶ジュースを佐々木さんは、大事に持って帰って一週間ほど置いたままであった。全てを流された人が、わざわざ買ってくれた大切な一本である。極限状態まで突き落とされても、相手を思いやる気持ちが何よりも嬉《うれ》しくて、佐々木さんは蓋《ふた》を開けることができなかった。

　こうした優しい佐々木さんは、会の世話人の一人として活動しているが、いくつか悩みのあることも話してくれた。

「毎週の日曜日に私は教会での礼拝があるので、日曜にある『かけあしの会』の活動に参加できません。それに会の名前のように、いつも駆け足で走るのが、私には早過ぎて、ついていくのが正直なところ大変なんですよ。だから私は、『ぬけあしの会』だと言っているんです」

　半分は冗談だが、残りの半分は本気といったところだろうか。それでも佐々木さんは、会の大切な世話人として今も元気に活動を続けている。

**「かけあしの会」の足取り**

これまで自ら作った復興支援商品を持って、全国各地へと出かけて販売している。以下はその足取りであり、まさに会の名称そのままに駆け足である。

【二〇一一年】

九月四日　東京都目黒のさんま祭り

一〇月二二日　日本の「食べる」を応援しよう！　コープたべる・たいせつin池袋サンシャイン　東京都（コープとうきょう）

一〇月三〇日　矢巾《やはば》町産業まつり　岩手県

一一月五〜六日　コープフェスタ2011　つなげよう笑顔　埼玉県・さいたまスーパーアリーナ（さいたまコープ）

一一月一二〜一三日　たべる・たいせつ惚《ほ》れぼれ収穫祭2011（いばらぎコープ）

一一月一九〜二〇日　黒石《くろいし》市産業まつり　青森県

【二〇一二年】

二月一二日　消費者まつり　群馬県庁　群馬県（コープぐんま）

三月一一日　宮古市を応援フェスタ　北海道苫小牧《とまこまい》市

三月二四日　高蔵寺店創業祭《こうぞうじ》　愛知県（コープあいち）
三月二五日　GENKI街フェスタ　埼玉県秩父市《ちちぶ》
四月一四日　きやっせ市　幕張《まくはり》メッセ　千葉県（ちばコープ）
四月二一～二三日　春まつり山形大好きフェア　こぴあコープ酒田　山形県酒田市《さかた》
六月九日　コープ牧港《まきみなと》、あっぷるタウン　沖縄県（コープおきなわ）
六月一〇日　一〇〇キロマラソン前夜祭　岩手県北上市
七月二一～二二日　すぺーすはちのこ祭　東京都三鷹市《みたか》
七月二三日　ショッピングモールCom 1st内コムコム広場　栃木県足利市《あしかが》
九月九日　東北復興大物産展　アゴラ広場　秋田県秋田市（秋田大学）
九月二三日　東京都目黒のさんま祭り
一〇月一三～一四日　盛岡情報ビジネス専門学校学園祭　岩手県盛岡市
一〇月二七～二八日　コープフェスタ　埼玉県さいたまスーパーアリーナ（さいたまコープ）
一一月一七～一八日　矢巾秋まつり（町役場南側駐車場）
　協同組合フェスティバル（大宮ソニックシティー）

「かけあしの会」では、日程が許せばどこにでも復興支援の商品を持って出かけるので、ブースの提供を広く呼びかけている。

一日も早くこの会が使命を達成し、それぞれが普通の歩みで暮らして欲しいものだが、しばらくは全国を駆け巡ることになるだろう。長距離の移動には車を使うことが多く、ぜひ交通事故のないように、そして健康には気を付けて欲しいものだ。（2012年6月17日）

# 第6章 復興支援商品の開発物語

**復興ソング「明日への虹…」**

「♪さあ、手と手をつないでゆこう　笑顔の力を信じて
さあ、明日へつないでゆこう　夢を抱いて進もう
＊ららら、ららら、ららら、らー
　ららら、ららら、らー、ら・ら・らー＊
同じ季節を過ごした　優しい笑顔に包まれ
温かい日々がずっと　続くと感じていたね
街の明かりも消えたともしびに　大丈夫の声も届けられなくて
涙のあとには虹がでる　心に花を咲かそうよ
さあ、手と手をつないでゆこう　笑顔の力を信じて♪」

「かけあしの会」が制作した復興支援ソング「明日への虹…」の一番の歌詞である。い

つも当たり前であった日常が、ある日突然崩壊し、自由に使っていた携帯電話も使えなくなり、友だちに「大丈夫？」と連絡もできなくなった寂しさを表している。

二歳のときからの好きな民謡で、声量には定評のある小田代直子《おだしろなおこ》さん（26歳）が、ポップス調の軽快なリズムに乗って明るく歌っている。バックのコーラスは、宮古市内の小学生による「未来の子どもたち」が担当していた。

なおこのＣＤを作るための収録は、宮古市内で津波に被災したスタジオで行い、包装は仮設住宅に暮らす被災者の内職となっている。

「（＊繰り返し）
♪増やせない思い出でも　伝えられることがある
命があなたの証　目を閉じればほら聞こえる
ぼろぼろ泣いても　春はまたくるよ
みんなと一緒に　歌って行こうよ
あふれる愛をありがとう　もう、迷わずに歩こう
さあ、明日へつないでゆこう　夢を抱いて進もう♪」

二番の歌詞では、震災の中でも生かされた命を大切にし、冬の次には必ず春が来ることを信じるように、皆で歩もうと呼び掛けている。

「（＊繰り返し）
♪涙のあとには虹がでる　心に花を咲かそうよ
未来の扉を開いて　みんなの笑顔にありがとう
さあ、手と手をつないでゆこう　笑顔の力を信じて
さあ、明日へつないでゆこう　夢を抱いて進もう
（＊二回繰り返し）♪」

最後の三番では、これまでの多くの支援に感謝し、今後は仲間と手をたずさえて前を向いて歩もうと呼び掛けている。

**「明日への虹…」を作詞して**

「言葉を飾らないで、誰にでも歌詞の意味が分かるように工夫しました。書き上げるまでに二カ月ほどかかりましたが、最初はほとんど書くことができずに悩んだものです。で

も震災のときのいくつもの思い出や、その後の町の風景などを見つめつつ、ある時から指がすらすらと動いて書き上げました」

作詞した佐々木《ささき》一光《かずみつ》さん（43歳）に、働いている三陸《さんりく》鉄道の事務所に隣接する駅で会って話を聞いた。四年前に体調を崩した佐々木さんは、簡易の酸素ボンベを常に使用する体となり、いつも側に器材を乗せた小さなカートがある。二級の障害を持ち、いわて生協で二二歳から四〇歳まで働き、本部ではチラシを創り、マリンコープＤＯＲＡの店舗では事務をこなし、いわて生協におけるその後の障がい者雇用の拡大に大きく貢献した。

当時のことを佐々木さんに語ってもらった。

「障がい者も自分の力を使い、できないことは工夫して仕事に取り組み、一つひとつの積み重ねを職場の戦力として評価してもらい、その繰り返しによって健常者と同じ仕事をしているのです。でも障がいのために、どうしてもできないこともあります。その点は周りの理解が必要ですが、基本は仕事人としての自覚を持って仕事に向き合うことが大切ではないでしょうか。とかく障がい者だという先入観や固定観念で、一方的に決めつけれる場合もありますが、幸いに私は上司や仲間の理解があって助かりました」

病弱な体であった佐々木さんは、以前から言葉に敏感で儒教や仏教に興味を持ち、また相田みつをさんの詩も好んで読んだ。そうした佐々木さんを知っているＤＯＲＡ店長の菅原則夫さんが、歌詞を依頼した。

「妻と暮らしていたアパートは被災し、今は町にある仮設住宅に入っています。田老町《たろう》に住んでいた親たちも、津波で全てを流されてしまいましたが、命は助かったので地元の仮設住宅で暮らしています」

思い出したくもない場面がいくつもあっただろうが、淡々と語る佐々木さんであった。幾多の苦難を乗り越えてきたからこそ、支援物資として受け取ったパソコンを使い、これだけ明るい作詞を生み出すことにつながったのだろう。

それにしても、いろいろと考えさせられる歌詞である。例えば二番に、佐々木さんが込めた思いを聞いた。

「一緒に出かけるなどしたいと思っても、故人とは新しい想い出を創ることが出来ません。それでも大切な人は、太陽や香りや風となって、いつも私の傍に居てくれます。今、自分が生きていることこそが、確かに受け継ぐことのできた掛け替えのない生命であり、また亡くなった親しい方の魂は、いつまでもその中に生きています。

だから辛く悲しく、会いたくて寂しくてどうしようもない時に、目を閉じればその人の声が聞こえてくるのです。素敵な想い出は決して色あせることなく、亡くなった人の魂は、私と一緒にいつまでも生き続けます。今、生きていることに、ただただ感謝で一杯です」

佐々木さんの話を聞き、私は「明日への虹…」の歌詞が醸し出す、抽象画のような美しさの要因を、おぼろげながら理解することができた。

なお、最終の歌詞とするまでは、「かけあしの会」の五名も参加して何回も話し合い、一部を修正して完成させている。できた歌は各地へと流れ、それを聴いた人たちからたくさんの喜びの声が佐々木さんに届いた。

「何人にも評価してもらい、本当にありがたいことです。作った歌は全国へと一人歩きし、いろいろな受け取り方をしてもらっても結構だし、また小田代さんと違って、その人に合った歌い方をしてもいいですね。この歌で何かが伝わり、少しでも笑顔になってもらうことができれば本望です。少しでも笑顔になるって、意外と大事なことではないでしょうか」

静かに話す佐々木さんから、被災者だけでなく同じ人間に対する温かい思いやりを感じた。

## 「明日への虹…」を歌って

「三月一一日の震災前は、とにかくいい結果を出したいと必死でした。でも震災の後は、結果はもちろん大事ですが、それ以上に全国から支援をしていただいた方々へ感謝を伝えたいし、地元の被災された方たちには、少しでも元気になってほしいという気持ちが強くなりました」

愛らしい瞳をクリクリさせて、歌手の小田代直子さんは話してくれた。宮古市内での一日の仕事を終え、夜のレッスンが始まるまでの間であった。わずか三歳から大会に出場していた小田代さんは、今も民謡「南部牛追い歌」が大好きで、各種の大会や慰問などでもよく歌っている。

「震災後一カ月ほどは、自分は歌える状態ではありませんでした。津波を受けた我が家の片付けをしつつ、好きな民謡を口ずさんではいましたが、いったいこれからどう生きていけばいいのか、まったく分からなかったのです。

そんなときに、グリンピアでのイベントがあって、久しぶりに振り袖姿で舞台に立つことになり、童謡の『故郷《ふるさと》』から『河内《かわち》男節《おとこぶし》』や『炭坑節』などを歌わせていただきました。すると泣きながら聴いてくれる被災者の方や、終わると『また来てね』と何人もの方が言ってくれました。

被災者の私が、もっと大変な思いをされている被災者の方々から、歌う自信をいただきました」

その会場にいた菅原さんは、復興支援ソングの歌手として小田代さんしかいないと判断し相談した。小田代さんにとっても異存はなかった。

二〇一一年七月に歌が完成して八月は練習をし、九月にCDが発売となった。同時にいくつものイベントなどの場にも出かけ、子どもたちがバックコーラスをしたり、地元保育所の園児が、歌いながら手話で応援してくれたこともある。曲に合わせダンスを考案する人や、英語版の歌詞の準備もアメリカの支持者の間で進んでいる。

すでにCDは一、三〇〇枚を販売し、さらに一、〇〇〇枚を追加している。これからも宮古市はもとより、各地でも復興支援ソングの一つとして流れることだろう。

## あわびの貝に再び輝きを

「数十世帯の入っている仮設住宅で、三世帯が引きこもりになっているんですよ。その中には、若い女性もいます。仮設住宅は三年で出なくてはいけないのに、高台に建てる住宅への移転は早くて五年先とのことですから、その間はどこに住めばいいのでしょうかね。あれこれと心配することがいくつもあって、引きこもりにもなりますよ。一人住まいで調理する意欲がわかず、近くに置いてあるお茶とお菓子を口にして腹の足しにいている男性がいます。風呂に入るのが面倒だからといって、寝てばかりいる人もいるんですよ。

そうした被災者に、少しでも外に出るきっかけにしてほしくて、あわびの貝殻磨きに来てもらっています」

　エムエムフーズの倉庫の一角に、ビニールで間仕切りをした八畳ほどの作業場が、あわびの貝プロジェクト専用としてあり、そこのスタッフである古里悦子《ふるさとえつこ》さん（55歳）が話してくれた。

　三年前に乳がんを発見して手術した古里さんは、最近になってがんが再発して抗がん剤を使用中であるが、被災者のために何か自分なりにできることをしたいと、あわびの貝プロジェクトに関わった。そうした古里さんの体調を心配するパートナーは、休みのたびに作業場を訪ねてボランティアをしつつ見守っている。

「かけあしの会」は、被災者と一緒に地元の材料を活用した工芸品が作りたいと考え、あわびの貝を使った独自のアクセサリーで復興へ繋《つな》げることにした。あわび貝殻アクセサリー復興プロジェクトのはじまりである。

　あわびの貝殻集めからスタートしたが、それは地元に少なく、重茂や大船渡だけでなく、遠くは東京日本橋の寿司組合からも協力してもらった。貝殻は表面のこけを綺麗《きれい》にとらなければ商品にならないので、力と根気が要る。

　あわびの貝殻は、薄くて非常に硬い。最初にアクセサリーの形にするため、貼り付けた型紙に沿って電動鋸《のこぎり》で切り、次に貝殻の切り口や表面を削って滑らかにし、最後は表面

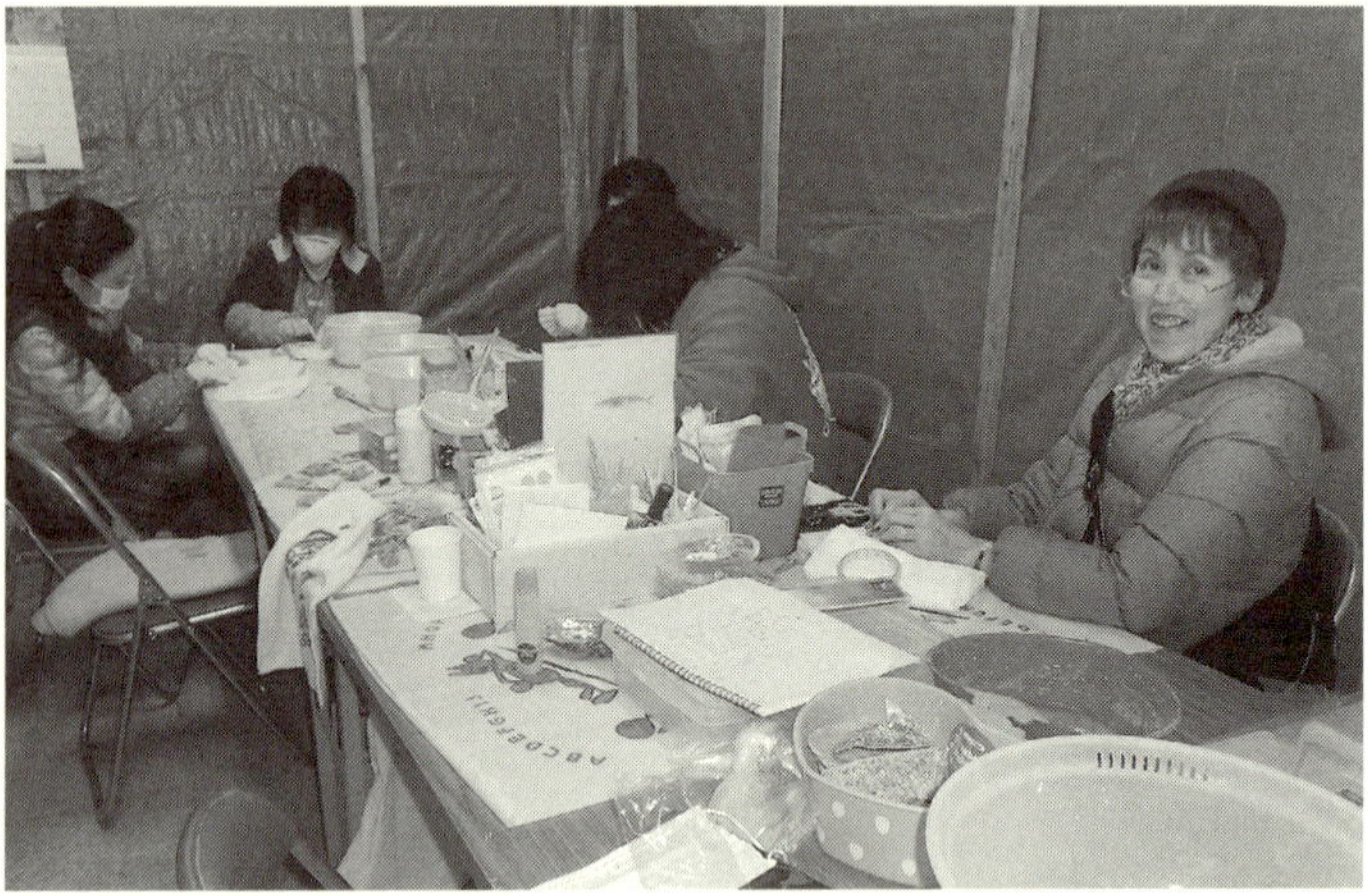
アクセサリーを作るためあわびの貝殻を磨く古里悦子さん（右）。

に宝石のような光沢が出るまで紙やすりで磨く。鎖を付けるなどの仕上げは、仮設住宅にいる被災者に頼み、いくらかでも収入につなげている。

こうして製作した虹色に輝く、ペンダントやピアスなどのあわびの貝殻アクセサリーは、復興商品「虹の祈り」として二〇一一年九月三日に発売をはじめた。

「かけあしの会」を通して、各地の支援者の胸や耳などで、あわびの貝の生まれ変わった「虹の祈り」が、新しい光を放っている。

**宮古の鮭ラーメン**

二〇一二年四月には、「かけあしの会」と宮古市内有志による「男のエプロンクラブ」が、共同開発して鮭《さけ》ラーメンを出した。「男のエプロンクラブ」は、定年退職者七人で一九九九年に結成し、工夫を重ねて独自の鮭ラーメンを開発してイベントなどで提供してきた。クラブの調理器具を津波でなくして中断していたが、宮古市の小笠原《おがさわら》製麺所が「宮古の塩」を加えて仕上げた麺と、鶏がらを使い淡白な味のスープがセットとなり、鮭つみれは被災から再起した山田町の木村商店が製造し、宮古市の地域の力を結集した鮭ラーメンができた。

## 宮古の塩

「宮古の塩」を作っている現場を訪ねた。宮古の市街地から西へ車で一五分ほど走った大坂建設株式会社の敷地内に、平屋の小さなプレハブの建物があった。「宮古の塩工房」工場長の小田代幸彦さん（57歳）から話を聞く。

「皆さんは一口に塩といいますが、千差万別ですよ。世界では岩塩が多いし、日本では海水を原料にしており、製法によって多くの種類があります。中にはミネラルの豊富な自然塩や天然塩と表示し、驚くほど高い価格で売っている商品もありました。

そこで公正取引委員会に認定された『食用塩の表示に関する公正競争規約』に沿って、平成二十二年四月から適正な表示義務が施行されています。

日本の塩は、昭和四十六年に塩業近代化臨時措置法が成立し、従来の製法で作られてきた塩が、化学的な製法で大量生産される安価な塩に切り替えられ、食塩や加工食品用の塩として普及しました。

その後に、イオン交換膜製塩を化学的な塩とし、それ以外の塩に自然の名称を付けたことが、混乱した原因の一つですね。自然塩と書くと本物の塩で、安全だと消費者は思い込みました。でも自然塩は、体に悪い物質も含んでいるんですよ」

そう言って小田代さんは、国産の有名な自然塩と「宮古の塩」を、別々のフラスコに同量入れ、それに水を注いで拡散させた。

「見てください。自然塩で白く濁り、下に沈殿するのは不純物の大半をしめる石膏《せっこう》成分です。我が社の『宮古の塩』では、イオン交換膜で不純物をあらかじめ取り除いてありますので、このように透明なままですよ」

テーブル上の二つのフラスコを比較すれば、一目瞭然で驚いた。

「海水を釜で煮詰めた塩はいくつもありますが、日本のどこの海も農薬や洗剤などで汚れています。沖縄の海も、中国などからの排水が影響しています。それに海水の塩分は七八パーセントを塩化ナトリウムが占め、後は塩化マグネシウム九・六パーセントや塩化カリウム二・〇パーセントと同時に、人体に良くない硫酸マグネシウム六・〇パーセントや、石膏の成分でもある硫酸カルシウム四・〇パーセントを元々含んでいるんですよ」

汚染されていない美しい海から採ったにしても、元々海水の塩分には、人体に良くない硫酸イオン成分が含まれており、「宮古の塩」ではイオン交換膜を使い除去していた。

「私は宮古の海水を使って、ミネラルたっぷりの本当に安心な塩を作りたかったのです。そこで不純物を取り除き、平釜《ひらがま》でこま粒タイプとあら粒タイプの二種類の宮古の塩にするため炊き上げてきました。こま粒タイプは、しっとりとしたまろやかさが特徴で、食材本来の旨味《うまみ》を引き出し、特にお吸い物、おにぎり、天ぷらなどの和食に合います。あら粒タイプは、低温で煮詰めて最初にできる結晶で、カリッとした食感と、スッキリしたしょっぱさに特徴があり、特にステーキや焼き鳥などの肉料理にマッチします」

二つの「宮古の塩」を、少しだけ手の平に乗せて舐《な》めさせてもらった。どちらも舌を刺す刺激はなく、上品でまろやかな味であった。これであれば、素材の味を壊すこともないだろう。こうした「宮古の塩」は、これまで「かけあしの会」の復興商品に利用され、塩サイダーや塩麹《しおこうじ》や塩ストラップなどとなって普及が進みつつある。

## お守りにも塩ストラップ

「小さくて持ち運びに便利ですから、怖い熱中症対策として塩分の補給にも役立つし、子どもにゆで卵と一緒に持たせてもいいし、また沖縄では塩に魔よけの力があると信仰されているので、お守りとしてもいいですよ」

香木さんが、塩ストラップに寄せる思いであった。二〇一二年六月に発売した塩ストラップは、高さ二センチの透明のプラスティック容器に、焼いた「宮古の塩」三グラムを入れていた。水色のヒモの付いたネジ式となっているブルーのキャップをはずすと、簡単に塩を取り出すことができる。なお塩を詰める作業は、被災者などがしている。

**被災者を雇用して仕事づくり**

「宮古の塩」を使い、「かけあしの会」の商品である塩麹《しおこうじ》を作っている「おみなや」を、山田町に私は訪ねた。岩手県産の大豆や米を使い、昔ながらの手作り仕込み味噌《みそ》の製造と販売をしている。住居のある広い敷地の一角にある作業場は、山手にあって津波の被害はなかったが、経営者である代表の升屋《ますや》聡《さとし》さん（37歳）は、地域の復興のため、自分にできることをずっと追求している。升屋さんに、こうした取り組みの思いなどをたずねた。

「震災後に友人のトラックを使い、盛岡からズック二、〇〇〇足を山田の幼稚園や避難所に運んだり、柔道用の畳を運搬して避難所にセットするなどの支援をしてきました。

それでも復興にとって一番大切なのは、被災した人が職を持って収入を得ることです。そのため小さな会社なので、とりあえず知的障がい者一名を含めた女性三名をパートで雇い、ローテーションを組んで仕事をしています。常に仕事をしてもらわないと給与を払うことができないので、塩麹の他にも『いわしチップ』や『するめチップ』などの作業もしてもらっています。やってもらう仕事を見つけることが、私の一番の役目です」

塩麹などの品物は、注文があったときに製造するため、いつも作業があるわけではない。いくつもの商品に対応し、仕事が途切れることのないようにしなくては事業を継続させることができない。そのためこの八月には、山田産のきゅうりと「宮古の塩」を使い、「かけあしの会」の商品として浅漬けを発売した。

升屋さんは、被災した地元の水産加工会社など四社と協力し、二〇一二年の四月に株式会社五篤丸《ごとくまる》水産を設立して七月には店舗も立ち上げ、この面でも地域おこしを進めている。復興を目指し、できるところからの実践をしている。（2012年7月10日）

# 3部

# 地域の笑顔を

野田村
八幡平市
葛巻町
普代村
岩手町
田野畑村
岩泉町
滝沢村
盛岡市
雫石町
田老町漁協
宮古市
矢巾町
紫波町
山田町
花巻市
大槌町
西和賀町
遠野市
北上市
釜石市
金ケ崎町
住田町
大船渡市

震災が壊した地域のコミュニティは、実は三・一一以前から社会病理として深刻化していた。そのため道路や橋などを震災前に戻す経済復興はもとより、人間らしく住み続けることのできる地域づくりとなる人間の復興が大切であり、人類の叡智《えいち》である助け合いや協同のネットワークが、有機的につながっていることが不可欠である。

いわて生協の組合員に世帯の八割がなっている宮古《みやこ》市では、網の目のような共同購入(宅配)の配達と併せて、四つの店舗が配置されており、地域から生協への信頼を高めている。それをベースにして、車で商品を運んで販売する移動店舗もはじまった。他にも、心の満腹を届ける映画生協や、精神的な暮らしに欠かすことのできない葬祭事業など、生協法で明記した「生活の安定」と「生活文化の向上」のため、地域の求める事業を多面的に展開している。こうした力は、地元の大切な産業である漁業も支え、復興にも大きく貢献して地域の笑顔を広げつつある。

# 第7章 よみがえった真崎わかめ

## 収穫を祝う会

「♪わかめ　わかめ　わかめ　わかめを食べると
頭　頭　頭　頭が黒くなる
わかめ　わかめ　わかめ　わかめ　わかめを食べると
体　体　体　体にいいのさ♪」

軽やかなテンポの「おさかな天国」のリズムに乗って、替え歌の「真崎《まさき》わかめ応援歌」が、生産者を含めて約一〇〇名が集う田老《たろう》漁協三階のホールで元気に流れた。

二〇一二年三月二四日の「真崎わかめの収穫を祝う会」は、一一時三〇分から氷雨が散らつく中で、宮古市田老町漁港の岸壁にある加工場見学からはじまった。

盛岡市から大型バス一台と数台の車で参加した、いわて生協の組合員と職員の約六〇名は、漁協の職員の案内で、わかめをボイルしたり塩をまぶす機械を見てまわった。巨大な津波で町の全てが流されてしまい、加工場の設備や施設などを新しくしての二年ぶりの待ちに待った再開で、参加者は興味深そうに漁協職員の説明を聞いていた。

次は漁協の建物の一階へ移動し、わかめの芯取りの作業を見学し、こうした一連の作業を経て商品になることを参加者は理解した。

一行は三階の大ホールへ移動し、昼から収穫を祝う会がスタートした。いわて生協の飯塚《いいづか》明彦《あきひこ》理事長が開会の挨拶《あいさつ》をした後で、田老町漁協の小林《こばやし》昭栄《しょうえい》組合長（69歳）が壇上に立ってマイクに向かい、声をつまらせながら話した。

「一年間でここまで復活させることができるとは、私は思っていませんでしたので、『収穫おめでとうございます』の言葉を、本当に嬉《うれ》しくかみ締めています。これもいわて生協の皆さまの励ましがあったからです。本当にありがとうございました。そしてこれからもよろしくお願いします」

大きな拍手があった。

乾杯の後で昼食と懇親会になった。採ったばかりのわかめを使った「わかめご飯」や「わかめスープ」に、参加者の体と心が温まった。

いわて生協の組合員からのメッセージがいくつも披露されたが、誰もが真崎わかめを心待ちにしていたことを強調していた。

田老町漁協で行われた「真崎わかめの収穫を祝う会」

## 真崎わかめとは

岩手県宮古市の田老地区は、わかめが生育する北限の地で、かつ南からの黒潮と北からの親潮がぶつかり海流が激しいため、各種のプランクトンや栄養分も豊富で、肉厚で柔らかいわかめが育つことで有名である。また漁協の女性部は、家庭からの合成洗剤の追放や、一九九三年からは「婦人の森」として山への植林活動をスタートさせ、海の自然環境を守る活動を続けていた。

田老地区の中に六つある養殖組合の一つで、青野滝《あおのたき》養殖組合が生産を行う真崎は、海藻類の優良漁場である。その地名を使った「真崎わかめ」を田老町漁協は、一九七七年から産直商品として発売し、いわて生協の前身である盛岡市民生協との取り引きが始まった。また一九七九年には、日本生協連のコープ商品となって全国にも流れるようになり、さらには二〇〇二年に、生産者を青野滝養殖組合に特定し、いわて生協のアイコープ商品となって今日に至っている。

アイコープわかめの養殖は、六月に天然の真崎わかめから採苗《さいびょう》した胞子だけを使って育て、一〜二センチに育った幼い葉を専用の養殖《ようしょく》縄《なわ》に付けて成長させ、一・五メートルから二メートルほどになる翌年の三月から四月に収穫する。

## 「田老の漁業は絶対に負けません」

岩手県の沿岸中央部にある宮古市田老地区は、太平洋に面したリアス式海岸に断崖が連なり、陸中海岸国立公園に指定された、風光明媚《ふうこうめいび》で自然の豊かな場所である。また、過去にも巨大な津波に襲われ、一八九六（明治二十九）年には一、八九五人、一九三三（昭和八）年に九一一人が犠牲となったこともあり、「津波田老」とも呼ばれてきた。このため、町を津波から守るために造った高さ一〇メートルもの防潮堤は、延長が二、四三三メートルにもなり、日本一の規模であった。

今回の津波で、人口四、四六七人の田老地区で犠牲になったのは一八〇名（四パーセント）で、一、五八七世帯のうち、被害を受けた家屋は九七五棟（六一パーセント）もあった。漁協だけでみると組合員は七〇七人の五五一世帯で、そのうち死者と行方不明者は組合員とその家族も含め八七名で、流失や損壊した家屋は二六六戸だった。また九六三隻あった大小の漁船で、残ったのはわずか八一隻（八パーセント）しかなく、七カ所の漁港の堤防や岸壁も破壊され、わかめや昆布の養殖施設と、魚市場や加工場の他にも多くの漁業生産施設を失い、その被害総額は約九〇億円にもなった。二〇〇九（平成二十一）年度の事業収益が約三四億円だから、被害がいかに大きいかわかる。

こうした中で、小林組合長を先頭にした田老町漁協は、いち早く復興に向けた方向を力強く指し示した。二〇一一年四月一日付の『ＪＦたろうだより』では、冒頭に「田老町漁協組合員の皆様へ」と題して、お見舞いの言葉の後で以下の心を込めた呼び掛けをしている。

『「田老の漁業は絶対に負けません」。幾度かの大津波から復興を果たした先人たちのように、我々生き残った者の使命として、皆様の団結と協同の力で必ずや復興致しましょう」

この精神は、田老町漁協の産みの親でもあり、皆から「おらが組合長　山徳」と親しまれた、初代組合長の山本徳太郎さんの信条であった「連帯と団結」を、震災後の今に継ぐ田老魂であった。

より具体的には、次のような復旧・復興の方針を掲げた。

漁協の組合員には、①大津波にも壊されない協同と団結の力で生き抜こう、②先人の心を受け継ぎ必ず復興させよう、③一人ではない、希望と勇気をもって前進しよう、④資源と環境を大切にしよう、⑤組合事業の全利用を進めようとした。

また漁協の運営では、①組合員の漁業再開の支援、②事業施設の整備、③真崎わかめの生産拡充、④特産物の開発と産地づくり、⑤アワビ、ウニ、サケの増殖と資源管理、⑥がんばる組合員の支援と担い手の育成、⑦事業基盤の構築と財務強化、⑧地域経済団体としての貢献、⑨漁港と関連道の復旧要望、⑩復興まちづくりへの参加を掲げた。

こうした取り組みについて、小林組合長にもう少し詳しく話してもらった。

「田老では遡上高《そじょうだか》（陸へと上がった津波が到達した標高）が四〇メートルを超える大津波で大変な被害を受けましたので、まず組合員が安心して漁業のできるような環境を整備し、それを通して地域経済の復興に役立つことを目指しました。そのため漁協としては最大限の努力をし、壊れた船の修理や新しい船の購入と、冷蔵庫や加工場の建て直しなどで総額六〇億円の投資を計画しました。

船は全員の分がありませんので、漁協の所有として一緒に利用し、養殖漁業の共同化によって、高齢化に伴う作業のばらつきを分散させ、効率を上げるようにしています。

こうした取り組みについては、会場がないので屋外に集まってもらった復興組合員座談会や養殖漁業者座談会で相談し、皆で話し合って決めたことです」

協同組合の原点である助け合いの精神で、この難局を皆の協力で乗り越えようとしている。静かに話す小林さんの口調に、凛《りん》とした芯の強さを感じた。

## 協同して真崎わかめの利用拡大を

いわて生協の組合員たちは、再開した真崎わかめをさらに利用拡大して支えるため、皆が工夫してわかめの新しい利用法を掲載した『わかめレシピ集』も作っていた。

そこにはカリカリわかめ、わかめのチヂミ、わかめと甘酢しょうがの酢の物、わかめとえのき茸のピリ辛炒め、わかめともやしのナムル風、わかめ肉まん、わかめと梅酢の酢の物、わかめと菜の花のペペロンチーノ、わかめと白菜のサラダ、わかめの天ぷら、わかめ入りコロッケ、わかめの佃煮、わかめ入りおかずケーキなど、こんな料理もできるのかと楽しくなる多様なメニューが並んでいた。

わかめの佃煮は、これまで廃棄していたわかめの端などを利用して美味しく食べることができるので、復興支援のためにも新たに商品化して食卓へ届くようになった。

## 田老町漁協を励ます会

「トントコトン、トントコトン」
「サッコラー、チョイワヤッセー（幸よ、来い）」

舞台では「元村こどもさんさ愛好会」の元気なメンバー一〇名が、胸の前にセットした太鼓を軽やかに叩きながら掛け声をあげ、リズムに合わせて所狭しと演じていた。さんさ踊りは、昔からの伝えによると町で暴れた鬼を退散させたことを祝い、「さんさ、さんさ」の掛け声で踊ったのが始まりとされ、地域によって舞い方や衣装がそれぞれ異なっている。

二〇一一年一〇月二二日に、いわて生協が田老《たろう》町漁協のホールで開催した「田老漁協を励ます会」の会場には、盛岡市などから約五〇名が駆けつけていた。

「励ます会」は初めに、いわて生協から軍手やカイロと同時にトラックの寄贈があり、その後に甚大な被害の中でも、復旧・復興に向かって歩みつつある田老町漁協の現状についての報告があった。

いわて生協の組合員四名による寸劇もあり、わかめがどれだけ美味しく健康にも良いのかユーモアを交えてアピールし、大きな拍手を受けていた。

ある参加者の感想である。

「田老地区の景色が一変していることに驚きました。震災から半年も過ぎて、盛岡などの内陸では日常が戻りつつありますが、こちらではまだまだです。これからも支援を続けなければと思いました」

町並みが全て破壊され、漁港も大きく損傷している田老地区の現場を見れば、復旧にかなりの年数と労力を要することは誰にでも推測できる。

漁協の事務所の壁には、各地の生協から届いたメッセージなどがいくつも張り出してあった。その一つがコープこうべからのピンクの広い布を使ったタペストリーで、魚やわかめのイラストと一緒に、組合員からのいくつもの声を伝えていた。

「一日も早く皆さんが、当たり前に海で働くことができるように祈ってます」

「芯付きわかめの芯のように、私たちの心も皆さんと共にあります」

「娘も大好きなシャキシャキのわかめが、一日も早く戻ってくるのを待っています」

各地からの真崎《まさき》わかめをまた食べたいという声は、田老地区の生産者に充分伝わっていた。

## 真崎わかめ応援女子会

その後もいわて生協では、創意工夫を凝らした支援をしてきた。田老町漁協女性部が主催する植林活動に、毎年協力している宮古コープリーダー会と組合員は、復興に向けてがんばっている漁師や漁協を支える女性部の労をねぎらっている。その一つが、二〇一二年五月一一日に田老町漁協で開催した、「産直アイコープ真崎わかめ応援女子会」で、生協組合員一六人と田老町漁協女性部二五人が集まった。以前の「真崎わかめの収穫を祝う会」は男性中心であったが、今回は女性だけであった。

誕生日の順番で席札を立てて着席すると、まずは自己紹介をして和やかな雰囲気になった。会食した後で生協組合員の有志が、往年のテレビ人形劇「ひょっこりひょうたん島」の主題歌で、「♪ひょっこりひょうたん島」と歌う箇所を、「真崎わかめ応援隊」と替えた「わかめ応援歌」など数曲を披露した。各自がくわえたストローによる輪ゴムのリレーなどのゲームをすると、参加者は年齢を忘れてやる気満々で盛り上がり、たくさんの笑顔が各テーブルにあった。

最後に女性部長の吉水《よしみず》クミ子さん（62歳）から、「私たちは震災で多大な被害を受けながらも、生協の組合員さんの『また真崎わかめが食べたい。待ってるよ！』という言葉に勇気付けられ、頑張ってくることができました。誠にありがとうございます」と感謝の言葉があった。

## 青野滝を訪ねて

真崎わかめを養殖している青野滝を、二〇一二年五月のある日の午後に訪ねた。田老から国道四五号線を車で二〇分ほど北上し、鶯《うぐいす》の鳴く雑木林を過ぎると、畑があって集落に着いた。この辺りは高台にあり、津波の被害はなかった。

まず、大きな柱と厚い板で建てられた吉水クミ子さんの自宅を訪ね、話を聞いた。吉水さん夫婦と息子さん夫婦との四名で、漁業の他に四五アールの水田と畑もあり、半農半漁の生活である。漁業でも後継者難と言われているが、息子さん夫婦も同居して働いている理由や、そのための工夫などを聞いた。

「以前、ある研修会で『若い頃は朝から晩まで働いても、自由にできるお金がなくて困った』との話を聞きましたが、今でも嫁いできた女性は同じでしょう。そうでなく若い人が安心して楽しく暮らすことができるように、各自が収入を得て自分の財布を持つように、我が家では四名で家族経営協定書を結んでいます」

見せてもらったその協定書には、第一条に「四人がお互いの立場を尊重し、各自がやりがいを持って能力を十分に発揮できるように話し合い、豊かでゆとりのある農・漁業経営と家庭生活を築くことを目的とする」と明記され、以下の条項が記載されていた。

第二条　営漁・営農・生活計画の策定

第三条　役割分担
第四条　労働報酬
第五条　就業条件
第六条　農・漁労働安全、健康管理
第七条　研修
第八条　経営移譲

これらについて毎年四名で話し合って協定書を作成し、それぞれが捺印《なついん》して持っている。確かにこれだけ親から対等に扱ってもらい、自分の金を自由に使うことができれば、三六歳の息子さんや二七歳の嫁さんも楽しく働くことができるだろう。

漁協の女性部では、岩が白くなり海藻が生えなくなる磯焼けが発生するのは、自然環境の悪化が原因であるとして、合成洗剤の使用をやめて石けんを普及したり、近くの山への植林活動を続けてきた。四年前から部長になった吉水さんに、そうした取り組みについても話してもらった。

「昨年は震災のため植林はできませんでしたが、二〇年前から始めて今年の四月で一九回目となります。このときは、私たち漁協女性部の他に、日本生協連の『笑顔とどけ隊』、岩手県企業局、小中学生、森林組合、いわて生協、宮古市、漁協などのボランティアで、総勢で約一〇〇名にもなりました。

快晴の中で、コナラの苗木一、〇〇〇本を植えることができ、これまでの参加者は延べ一、七六〇名で、植えた樹木は一万八、六七〇本にもなります」

二〇年も経てば植えた樹木も大きくなり、ミネラルを多く含んだ水を海に供給しているはずだ。自分たちだけでは大したことは出来なくても、タンポポの種のように広い地域での活動の、一つのきっかけになればと始めた「婦人の森」づくりは、多くの人々の協力でこれからも続くことだろう。

青野滝の人たちは、とにかくよく働く。わかめの最盛期には、真夜中の一二時や一時に沖に出ることもあり、またアワビやウニなどの口開け（解禁）の日は、小舟を操って一人で漁に出ることもある。そのため他の地域の人から、「そんなに早くから働いてバカか！」と呆《あき》れられることもある。それでもたまに舟に乗る吉水さんは、「ガラス張りの経営をすることで頑張ることができる。海の仕事は楽しい」と笑いながら朗らかに言い切る。

こうしたたくましい女性の力もあって、美味しい海の幸が都会に届いているのかと思うと、ただただ頭が下がる。

二人目に訪ねたのは、青野滝養殖組合の組合長である山本泰規《やまもとたいき》さん宅で、こちらも大きな家である。山本さん夫妻と山本さんの元気なお母さんの三人で、漁業を中心に暮らしていた。

ここの海域は、わかめが生育する北限で、かつ昆布は南限である。このため両方の養殖が可能で、以前から養殖のロープを上下に二本張り、上では早く収穫するわかめを育て、下では昆布を育てる二段式をあみ出してきた。春にまずわかめを収穫すると、今度は昆布のロープを海面近くまで上げて養殖し、夏に収穫するスタイルである。

山本さんは、自らのわかめの養殖について熱く語ってくれた。

「海面から、一メートルとか一・五メートルほどにわかめを付けたロープを張っています。もっと下にすると成長は早くなり、茎が大きくなって量は多く採ることはできますが、品質は悪くなってしまいます。量をとるのか質をとるのか難しいところですが、いつも深さを注意しているところです。

私たちの真崎の養殖場は、田老の中でも一番沖にあり、それだけ潮の流れが強く、美味《おい》しいわかめが育つんですよ。でも時化《しけ》の時は流れが強すぎて、わかめがロープから離されてしまうこともあります。ときにはわかめの葉が、ザラザラになるとか穴の開く病気が発生することもあって、いつも気を付けているところですよ」

肉厚の真崎わかめが食卓に届くまでには、目に見えないところで生産者のきめ細かい工夫がされている。

## 海外からも田老町漁協への支援が

いち早く海外から田老の支援に動いたのは、フランスのブルターニュ地方に住むケルト系の少数民族のブルトン人たちであった。こちらも漁業の盛んな地域で、小さな漁村がありフランスの「地の果て」とも言われているが、人々は地元に高い誇りを持って生活している。そうした中で日本人一〇名を含めた海の仕事をしている一〇〇名が、何か東北の震災復興を支援しようとＮＰＯのGambalo Japan（ガンバロー　ジャパン）を立ち上げ、情報を集める中で田老町漁協の惨状を知った。すぐにブルターニュ地方では、「ブルトン人田老－宮古を助けよう！」という合言葉が交わされるようになった。

こうして、二〇一一年八月には、漁師用のライフジャケット、長靴、合羽《かっぱ》の上下の各一五〇セットが、このＮＰＯから田老町に届いた。

国内外の多くの人たちの協力で田老町漁協が復活をめざし、ブランドの真崎わかめも以前の流通にもどりつつある。（2012年6月13日）

# 第8章　商品に復興への願いを込めて
## DORA復興商店

### 復興商店オープンのにぎわい

「♪ドッコイショ　ドッコイショ（ドッコイショ　ドッコイショ）
ソーラン　ソーラン（ソーラン　ソーラン）♪」

「ロックソーラン」の軽快でパンチのきいた音楽が、宮古市のいわて生協マリンコープDORA（DORA）一階のフロアに流れた。桃色の濃淡で左右を分けた振り袖姿の小田代直子さんが、明るく元気に歌った。掛け声の部分では、八〇名ほどの観客の側に行って小田代さんがマイクを向けると、椅子に座った高齢者や小学生たちが、「♪ドッコイショドッコイショ」や「♪ソーラン　ソーラン」と口を揃《そろ》え、手拍子も交えて一緒に楽しんでいた。

二〇一二年六月二日のことであった。前日に開店した復興商店のオープニング・イベントの一つで、宮古市観光大使でもある民謡歌手の小田代直子さんのミニライブである。北

マリンコープDORA一階にある復興商店の売場。

海道の民謡「ソーラン節」をロック調にアレンジし、民謡よりもテンポが早い。

復興支援ソング「明日への虹…」でスタートしたミニライブは、「望郷じょんから」や「愛燦々《あいさんさん》」などもあり、細川たかしさんや美空ひばりさんとは、一味異なる小田代直子節を披露していた。最後は英語バージョンの「明日への虹…」で締めくくり、大きな拍手の中で一時間のライブは終わった。

なおオープニングの三日間には、先着五〇〇名に「復興祈念タオル」プレゼントや、あわびの貝殻でオリジナルストラップ・ネックレスを作ろう、宮古のキッズダンスサークルMDSによるダンス、神風宮古流星海による「よさこいソーラン演舞」もあった。

**復興商店とは**

ＤＯＲＡの一階にある五七坪のイベントフロアを使い、復興に向けて取り組んでいる生産者や団体などの商品を販売するコーナーである。水産メーカー一六社、食品メーカー一四社、就労支援（授産）施設八団体、いきがいづくり商品一四団体の商品が各棚やケースに並び、店との間仕切りには、宮古市をはじめ釜石市や陸前高田市など一二市町村の観光写真を張ってある。さらに天井には、二〇一二年五月にボランティアグループのオタスケボーズが協力し、ＤＯＲＡで多くの子どもたちと一緒に作った三メートル、五メートル、七メートルの鯉のぼりが飾ってあった。

復興商店の企画書は下記である。

1．目的

①今後復興する被災地メーカーの商品を、継続・拡大して取り扱うことで供給量を増やし、生業づくりにつなげ、また地域の就労支援施設商品も取り扱い、障がい者支援に貢献します。

②仮設住宅の方が取り組んでいるモノづくりの体験交流企画などを週末に開催し、子どもたちや組合員との触れ合いの中で、さらなる生きがいにつなげます。

2．出店社・団体（敬称略）

①地域　洋野町、久慈市、野田村、普代村、田野畑村、岩泉町、宮古市、山田町、大槌町、釜石市、大船渡市、陸前高田市

②水産メーカー一六社

・洋野町／宏八屋《こうはちや》（焼きうに、いちご煮他）
・普代村／越戸《こしど》商店《しょうてん》（開きいか、湯通しまつも他）
・宮古市／おがよし（いか一夜干し、いか下足他）、須藤水産（さんまみりん、いか一夜干し他）、古須賀《こすが》商店《しょうてん》（真いか三升漬け、さんまフライ他）
・山田町／五篤丸《ごとくまる》水産（木村商店の塩辛・グラタン、山田の醤油《しょうゆ》他）
・釜石市／永野商店（柳がれい干し、いか一夜干し）
・大船渡／鎌田水産（三陸めかぶ、吉次《きちじ》一夜干し）他

③食品メーカー一四社

・久慈市／竹屋製菓（黒豆納豆他）、北三陸天然市場（いちご煮、雑炊他）、ドリームアップ（お茶漬け）、小袖屋（海女の磯汁）、マルサ嵯峨《さが》商店（いちご煮）、沢菊《さわぎく》（ぶすのこぶ〔銘菓〕）
・洋野町／ミナミ食品（南部湯葉《ゆば》）
・野田村／㈱のだむら（のだ塩他）

・宮古市／中村せんべい店（さくらせんべい他）、大和園（復興応援海産物セット）
・山田町／三五十《みごと》（あかもく佃煮）、くりっこ屋（たまごパン他）
・陸前高田市／陸前高田地域振興株式会社（切り干し大根、カットわかめ他）、神田ぶどう園（マスカットサイダー）、きのこのＳＡＴＯ（乾燥しいたけ）他

④授産施設（障がい者など就業困難な人に、就業の場や技能習得を手助けする）８団体
・岩泉町／岩泉町社会福祉協議会いずみの里（ストラップ、コースター、Ｔシャツ他）
・宮古市／ＳＥＬＰわかたけ（コースター、Ｔシャツ、コーヒー他）
・久慈市／㈳修倫会みずき園（クッキー）、㈳修倫会あすリード本舗（イラスト煎餅）
・大船渡市／㈳大洋会星雲工房
・陸前高田市／㈳燦々《さんさん》会あすなろホーム（一本松ストラップ、クッキー他）他

⑤いきがいづくり商品一四団体
・野田村／野田村グラシアの会（お手玉）
・岩泉町／めぐみ農園（きくらげ）
・宮古市／かけあしの会（ストラップ、のしいか他）、田老仮設（小銭入れ他）
・山田町／山田特産品販売協同組合（ストラップ他）
・大槌町／ＮＰＯまちづくりぐるっとおおつち（おおちゃん人形他）

・釜石市／和 RING PROJECT（キーホルダー）・大船渡市／福市（ハートブローチ）
・陸前高田市／陸前高田復興企画（一本松クリアファイル）、払川《はらいかわ》仮設（お手玉）他

ここに出店しているいくつかの団体や商品のこだわりなどを、掲示してあったポスターやホームページなどから以下に紹介する。

**（1）星雲工房《せいうんこうぼう》**

大船渡市にある社会福祉法人大洋会の障がい者施設で、受託作業・菓子製造・喫茶の三部門があり、菓子製造では地元の食材を使用し、安全で安心に心がけている。また地元の復興を願い、絆メッセージを込めたカラーキャンドルの製造にも力を入れている。

「私たちは小さな力ではありますが、岩手の復興に向けて、これからも努力していきたい」とポスターで表明している。

**（2）あすなろホーム**

陸前高田市にある。通常の事業所に雇用されることが困難な在宅の心身障がい者に、就労の機会を提供するとともに、生産活動その他の活動を通して、自立した生活を地域において営むことができるように支援している。「生産活動を通じて、人々との触れ合いを大切にしていきたい」とポスターで強調している。

### （3）あねさんショップ

二〇一一年一〇月の宮古市産業祭りで、いずれは自立したいと願い着物で作った小物の販売から始まり、現在は被災した団体や個人が作った品を販売している。価格は出品者との話し合いで決め、無理をしない範囲で続けて欲しくて特別な規約は決めていない。宮古市内の店舗で販売する以外に、各地のイベントに出かけて販売している。

震災から二年目になって、「被災地のものだから」だけでは購入する人が減少しているので、新しい商品を自分で工夫するなどし、各自が自らの足で歩くことも発信している。

### （4）和 RING-PROJECT（ワ　リングプロジェクト）

一般社団法人 和 RING-PROJECT は、津波で流された家屋や家具などの木材を使い、被災者がキーホルダーを制作して販売することによって、産業と雇用を生み出すことが目的で、事業所は大槌町と釜石市にある。

貴重な財産で思いの詰まった木片のがれきを、所有者の了解を得て加工し、和の文字と採取場所によって釜石か大槌の焼印をして、どこにもないキーホルダーにする。また、あの日を忘れないために、〝2011.3.11〟も裏に焼き付けている。

焼印の「和」の字は、大槌町出身の中学生書道家である高橋卓也《たかはしたくや》さん（12歳）が書き、和を構成する「禾」はがれきを表し、口は立ち上がることをイメージしている。

**（５）陸前高田復興企画（一本松クリアファイル）**

大津波によって、全長二キロに七万本とも言われた名勝高田松原は姿を消した。しかし、奇跡的に一本だけ残った松があり、これが市民の心の支えとなり、「希望の一本松」として復興のシンボルになっている。

今回のクリアファイルは、陸前高田出身で盛岡在住のカメラマンから、震災直後に撮影した「奇跡の一本松」の写真の提供があり、また大手印刷会社の協力により実現した。

**（６）福市（ハートブローチ）**

大船渡《おおふなと》市で支援プロジェクトＥＡＳＴ ＬＯＯＰを運営する株式会社福市は、被災者にとって仕事をすることで感謝され頼られることが、時として現金以上に人に力を与えることを知り、地元で活躍するＮＰＯの協力で、仮設住宅などで暮らす人たちに編み物を広めた。地域のことは地域の人に任せ、福市は企画やデザインと販売に責任を持つ役割分担をしている。商品の台紙の裏には、作り手のニックネームが書いてあり、購入した人はその名前宛てにＦａｃｅｂｏｏｋでコメントを寄せると、それを見た製作者は、希望と喜びを胸に仕事に励むことができ、温かな思いの循環が生まれている。

**（７）ぐるっと　おおつち（おおちゃん・こづちちゃん人形）**

震災後に持続的に被災者の生活再建を支援するため、主に被災住宅も含め仮設住宅の生活者の雇用と収入促進や、移動手段の確保による外出並びに交流機会の減少に対して、心理的で社会的なサポートを図っている。

おおちゃん人形は、大槌町役場入り口の人気者でご当地キャラクター「おおちゃん」が、復興の祈りを発信するマスコットとなる願いをこめ、仮設住宅の皆さんのささやかな収入の足しになる手内職として創作された。地元福祉施設の支援も兼ね、北上市の社会福祉法人で作っている手芸用材料を利用し製作している。

また、大槌町内の小鎚《こづち》の地名にちなみ、新たなパートナーの「こづちちゃん」を考案し、復興に励む「夫婦ご当地ゆるキャラ」とし、復興・開縁のシンボルにしている。

**（8）燦々《さんさん》会あすなろホーム（ヤーコン乾燥加工品、クッキー）**

陸前高田市にあり、知的障がい者の「親の会」が母体となって始めた日中活動支援事業で、以前の制度では通所授産施設と呼ばれた。フラクトオリゴ糖を大量に蓄積していると言われる、南米アンデス山脈原産の食用植物であるヤーコンの加工品は、地元の有機農法の畑と契約して毎年秋に収穫したものを使い、レモン煮やお茶など種類も豊富である。利用者はそれぞれ仕事を任せられることでやりがいを感じ、活き活きと働いている。

**（9）修倫会（クッキー、イラスト煎餅）**

久慈《くじ》市にあり、障がい者が働くための理想的な環境づくりを目指し、福祉工場みずき、松柏園、みずき園、チャレンジドセンター久慈などを運営する社会福祉法人で、他に三棟のグループホームやケアハウスを運営する。

いくつもあるオリジナル製品群の中で特徴的な一品は、南部煎餅にカラー印刷を施した「久慈ありすイラストそのまま煎餅」で、三陸鉄道のイメージキャラクターである「鉄道むすめ久慈ありす」を、専用のフードプリンタで生地の上に直接印刷している。鮮やかな食用インクを使用しているので、煎餅として食べることができる。

**(10) SELPわかたけ（コースター、Tシャツ、コーヒー他）**

宮古市にあり、通所による就労や生産活動の機会の提供を通じて、知識および能力の向上のために必要な訓練や、その他の便宜を適切かつ効果的に行っている。また、一般就労に必要な知識や能力が高まった方には、一般就労への移行に向けて支援する。

なおSELPわかたけも参加し、宮古市近辺の一五の福祉施設の集まりである「いきいきフェア実行委員会」があり、各施設で作った作品の販売や、自主イベントの開催もあれば、各種イベントへの出店などを通して、障がい者の社会参加と地域との融和を目的に活動している。各施設が単独では困難な宣伝などを、まとまってすることで効率的である。

**(11) 三陸森のあわび　きのこのSATO（きくらげ）**

陸前高田市にあり、安全・安心の無農薬で、しいたけ同様に菌床《きんしょう》にも地元三陸のわかめの茎や貝殻や穀物などを利用し、独自のきくらげの菌種を植えて培養してきた。三陸産生きくらげは、厚みと歯応えが良く、癖がないのでどのような料理にもマッチする。

ビニールハウスを使ったきのこ栽培の施設農業で、津波による塩害の土を気にせず農業ができるので、被災地域をいち早く復興できるのではないかとの期待もある。

**(12) 神田葡萄園《ぶどうえん》（ジュース、サイダー）**

陸前高田市にあり、一九〇五（明治三十八）年からの長い歴史を持っていたが、葡萄《ぶどう》の木や工場が津波の被害を受け、再開が危ぶまれていた。遠野まごころネットがボランティアで入り、名物のマスカットサイダーやジュースを販売できるようになった。

**(13) 陸前高田地域振興株式会社**

一九八八年に陸前高田市を筆頭株主とし、陸前高田商工会や広田湾《ひろたわん》漁協などが加わり、地域資源を活用した商品化とその販売事業などをしてきた。

岩手県産の大根を使用し、東北ならではの切り干し大根の手切《てぎり》や花切《はなぎり》大根もあれば、高田松原で奇跡的に一本残った復興のシンボルの一本松と陸前高田の夏の風物詩「けんか七夕」を写した南部《なんぶ》煎餅の陸前高田プリントせんべいや、陸前高田の創業二〇〇年を超える八木澤《やぎさわ》商店の味噌《みそ》を使用した気仙味噌《けせんみそ》せんべいなどの商品もある。

## ⒁ 三五十《みごと》（あかもくの佃煮）

山田町《やまだ》にあり、地元の未利用資源である海草のあかもくを使っての商品化を進めている。あかもくとは海藻の一種で、最大で七～八メートルに成長し、これまでは牡蠣《かき》の養殖棚に絡みつき、日光をさえぎり悪影響を与えるので捨てていた。しかし、メカブに似た歯触りや粘り気があり、そして鉄分などの高い栄養分が近年は着目された。廃棄していたあかもくが名産となれば、漁師の生活の安定にも結びつくと期待され、三陸味処三五十はあかもくの佃煮「おみごと」を開発した。

障がい者を含めた多くの被災者と、全国各地の支援者も協力し、復興に向けて創意工夫した取り組みがいくつも進みつつあることを、復興商店のそれぞれの品々は物語っている。味噌《みそ》パン、塩麹《しおこうじ》クッキー、雑穀クッキー、宮古の塩使用の「きゅうりの浅漬」、生姜せんべいなど、いくつか私も購入して食べてみた。宮古市を訪ねた人には、ぜひ立ち寄って一つでも多くの商品を購入してもらい、復興に向けて歩みつつある被災者や諸団体の前向きな思いを、口と心でゆっくりと味わって欲しいものである。（２０１２年８月８日）

# 第9章 商品と心を届けて【移動店舗】

## 「にこちゃん号」での買い物

「こちらは、いわて生協の移動店舗『にこちゃん号』です。いつもいわて生協をご利用いただきありがとうございます。果物、野菜、お魚、お肉、牛乳、お米、パン、お惣菜、インスタント食品をはじめ、生活雑貨で暮らしに必要な商品も揃《そろ》えています。

なお、車にある商品以外のご注文もお受けいたしますので、担当者にお申し付けください。いわて生協の移動店舗がおじゃましています。駐車時間に制限がありますので、お早めのご利用をお待ちしています」

アニメ「となりのトトロ」の軽快なテーマ音楽をバックにして、販売用トラックの上にセットしてあるスピーカーから四方へ案内が流れた。

宮古《みやこ》市内にある店舗のＢｅｌｆ（ベルフ）西町を九時前に出発した「にこちゃん号」は、九時二〇分には最初の販売場所である公園仮設団地の駐車場に停まった。すでに三名の女性が、木陰に腰を落として待っていた。

前輪に車止めをセットし、荷台の横と後方にあるドアを開け、それぞれから小さな階段を引き出して止める。車両の左側では、折りたたみ式のひさしであるオーニング（可動式テント）を上げ、その前に配置した簡易テーブルの上に、サンマやイカや鯖《さば》などが氷と一緒に入った発泡スチロールの箱を並べた。他に切り花の入った容器や、買い物かごも外に出した。

「にこちゃん号」に後続して走ってきた軽ワゴン車は、少し後方に停まり、荷台からメロン、梨、オレンジなどの他に、ゆでとうもろこしやお盆の送り火に利用する盆松の入ったケース八本を出し地面に並べていた。またワゴン車の後ろのドアを開け、各種のパンが入った三本のケースも置き、さらには暑いので氷アイスの入ったクーラーボックスもあった。

なお「にこちゃん号」の前方の横では、四メートル四方ほどの簡易テントをセットし、折りたたみ式のテーブルを置いてレジ台にしている。こうした販売の準備は、男性四名でものの五分ほどで完了した。

利用者は、顔なじみの人とあいさつや雑談をしつつケースの中の商品を見たり、「にこちゃん号」の後ろから車内へ入り、目当ての商品を買い物かごに入れて横のステップから出ると、テントの下にあるレジ台まで進んでいた。各商品は、二人の職員がスキャナーで読み取って精算していた。

三〇分ほどして、その日二番目の第二中グランド仮設団地の駐車場へと移動した。防犯パトロールと記入したグリーンのジャケットを着た男性がいたので、買い物の途中で話を聞いた。

「ここで特別トラブルは発生していませんが、注意を促すため買い物や散歩に出かけるときに着ていますよ。仮設住宅では部屋に湿気が多いことと、交通の便が悪いので困っています。バスに乗るためには、しばらく歩いて大通りまで出なくてはならないし、そのバスも一日に六本ですから、買い物や診察の時間がうまく合わないこともあります」

これでは自家用車を持っていない人は、さぞかし苦労していることだろう。小さなリュックを背負った年配の女性が、買い物をした後に、木陰で休んでいたので声をかけた。

「私は八七歳にもなるので、埼玉にいる娘の世話になっているのですが、家がこのすぐ下にありますので、ときどき戻ってきては家の掃除をしたり、友達に会ったりしています。パンを焼いて友達に食べてもらうことが好きなので、材料を買うのに生協さんの移動店舗は便利だし、よく利用させてもらっています。

このまえ友達に焼いたパンを渡したら、『パンも作った人に似るのね』とおかしなことを言うのですよ。『どういう意味なの？』と聞きましたらね、パンにできているシワが、私の顔のシワと同じだと言うので大笑いしました」

上品に明るく笑っていたが、心臓などにいくつもの病気を持っているとのことであった。移動店舗での買い物が、暮らしの大切な一部になっていることがよく分かった。

元気な四名の若い女性が来たので話を聞くと、盛岡にあるNPO法人参画プランニング・いわてによる買い物代行「芽でるカープロジェクト」のスタッフとのことであった。

「私たちは、二人が一組となってお買い物の代行をしています。高齢者の方が多く、食料品の他にも介護用品などを買いにいきます。チラシに印を付けて、『これとこれを買ってきて』というときもあり、生協のDORAや移動店舗を指定されるときもありますよ」

こんな素敵なNPOが、被災地で活躍しているとは知らなかった。参画プランニング・いわては、被災者を雇用して宮古市の他にも、野田村や大槌町や大船渡市の四カ所で、日用品、食料品、雑貨などの買い物代行事業を行っている。なおこれは、盛岡市緊急雇用創出事業を委託した取り組みである。

ここでも三〇分ほど販売し、次の愛宕《あたご》小仮設団地の近くへと移動し、津波で被災して空き地になっている私有地に駐車した。仮設住宅の駐車場が狭いことや、周辺の住民への配慮もあって販売場所を工夫している。

ここでは、前回に特別注文をした挽《ひ》き肉一キロを受け取った方がいた。また年配の女性

「にこちゃん号」の利用風景。

二人が、五キロの米を購入したので、一人はいわて生協の職員が、もう一人は私が提げて家まで届けた。津波の押し寄せた坂の少し上にあるので、その女性の家は被害をまぬがれたが、野菜や食料品を扱っていた店が全壊し、この地域で食べ物を購入することが難しくなったと嘆いていた。玄関を入って米の袋を置くと、「本当にありがとうございました」と言って、深々と頭を下げられたのには恐縮した。

四番目は、少し離れた田老町にある漁協の加工場であった。一二時からの休憩に合わせて販売するので、それまでに到着しなくてはならない。新築した加工場の駐車場は、土と小石のままで、乾燥し歩くと土埃《つちぼこり》が舞い上がった。三番目までの販売所で品切れとなった商品は、職員が乗用車を使ってBelf西町へ取りに行き、ここで補充した。

海に近いこともあってとにかく日差しが強く、職員は首に巻いたタオルで額に流れる汗をぬぐい、手持ちの水筒やペットボトルで水分の補給をしていた。

## コミュニティの場を目指し

昼の休憩時間を使って、移動店舗の責任者である三上貞幸《みかみさだゆき》さん（46歳）から話を聞いた。

「六月一八日から移動店舗をスタートさせるため、準備で四カ月かけて約六、〇〇〇キロを走り廻り、朝の九時にBelf西町を出て、夕方五時に帰るまでのルートを探しました。北と南のコースで、できるだけ多くの場所を訪ねたいので、当初は販売で一五分を目安にそれぞれ一一カ所を考えていました。

ところが乗用車でなくトラックでは移動に時間がかかるし、販売所では準備に五分、販売に二〇分、後片付けに五分の計三〇分は必要との判断になりました。そこで一日に八カ所をまわることにし、宮古市や社会福祉協議会から、各仮設住宅の入居者数や高齢化率を聞き、その上で優先順位を付けて決めました。また復興に向けて頑張っている方々の足を引っ張らないように、被災地にある食品の仮設店舗がある場所は避けました」

いろいろ配慮して販売場所を決め、月・水・金の北コースで八カ所と、火・木・土の南コースで八カ所を決まった時間で訪問し、これで一七カ所の仮設住宅に暮らす六八一棟の被災者や、その近くで生活し買い物が不自由な方にも利用してもらっている。週に三回も同じ場所を回るので、二日から三日分の食料を購入しておけば間に合う。狭い設備の仮設住宅に暮らす人も、これを利用すればかなり助かることだろう。

利用者が一番関心を持つ商品は、どのようにしているのだろうか。その点を三上さんにたずねた。

「車には六〇〇アイテムほど積んでいて、高齢の方が多いのでお饅頭《まんじゅう》やお団子などは切らさないようにしています。また海が近い地域なので、鮮度の良い丸のままの魚が好まれて、たとえばイカ刺しは誰もが一本から作ります。しかし、調理をしなくてすぐに食べたい方もいますので、刺し身のお造りも用意しています。

それでも車を二台にしてもスペースに限界はあるので、並べる商品の種類は限られてしまいます。そこで特別注文を受け付け、次のときに渡すようにしています」

米の特別な銘柄とか、ドリンクをケースで注文してきた人もいれば、刺し身・焼肉セット・オードブル・寿司・弁当では、一〇〇品目以上のメニューを準備し、そこから弁当を一〇食も頼んできた方もいた。

三上さんは、長くＤＯＲＡの副店長をしてきたが、これまでにない場面に移動店舗では出合っている。

「スタートして間もない頃でした。七〇歳過ぎのおばあさんが、『本当に助かります』と頭を下げてくれたときはビックリしました。また仮設住宅で引きこもっていた人が、移動店舗に興味を持って出てきてくれました。

『今日は、どんな品物を持ってきたの』とか、『こんにちは』だけでもいいと思います。移動店舗が商品を届けるだけでなくて、楽しみも提供しコミュニケーションの場になって欲しいものです」

無縁社会が広がる中で、移動店舗の買い物を通して、おしゃべりや交流が進めば、生協の新しい可能性の発揮にもつながる。

さらに今後の抱負を三上さんに話してもらった。

「利用者との会話を強め、困っていることなどを鋭く感じ取って、先取りして対応するようにしたいものです。現状ではまだ後手になっていることが多く、例えば『虫が多くなってきたわね』と聞いてから、殺虫剤や蚊取り線香を並べています。もっといち早い対応をしたいものです。また事故や車の故障にも注意し、これ一台しかありませんので、待っている利用者を裏切ることのないように最善の努力をします」

事業をスタートさせてからまだ七週しか経過しておらず、運営などで試行錯誤していることもいくつかある。それでも開始した第一週は、北コースも南コースも一日に一三〇名から一七〇名の利用で、売上は約一八万円もある。その後はいくらか減少しているが、それでも一日に一〇〇名から一三〇名の利用で、約一三万円を維持している。それだけ地域からの期待が高いとみて良いだろう。

なおこの「にこちゃん一号」は、日本生協連をはじめとする全国の支援で実現した。

**事業の開始にあたって**

いわて生協の理事会で確認した、「宮古市での移動販売事業の開始について」は、以下のとおりである。

**1．目的**

3・11の東日本大震災から1年が経過し、大規模な仮設住宅では被災した地域商業者の仮設店舗も作られていますが、中小規模の仮設住宅においては買物の場がなく、毎日の買物に困っている方々が多数います。これまで被災地域生活者の食糧確保のための支援として、共同購入事業をその柱に位置づけ、そのお知らせと利用者拡大に全力であたってきましたが、高齢者を中心に共同購入の仕組みになじめない方も多く、さらには共同購入利用者においても、生魚や惣菜への要望も出されています。

これらの要望に応えるため被災地買物支援の取り組みとして、12年6月度より宮古《みやこ》市において移動販売事業をスタートします。

2. 移動店舗車両について

（1）トラックをベースに移動店舗の装置を特注で乗せた車両で、コープさっぽろの移動店舗に改善を加えています。

（2）車両の後ろから入り、店内を通って前方に設置しているレジで精算し、車両左側の出口から出ます。

（3）快適に買物ができるように冷暖房を完備します。

（4）冷蔵、冷凍、寿司《すし》の適切な温度管理するケースを設置します。

3. コース設定の考え方

（1）運行は月曜日から土曜日とし、1週間の食事をまかない、あてにされる移動販売にするため、1カ所に週3回廻《まわ》ることを基本に2コースを設定します。

4. 品揃え・価格などについて

（1）取り扱い分類は農産、水産、畜産、惣菜、日配、グローサリーで、スタート時の基本品揃《ぞろ》えは商品部で決めますが、利用者の要望や催事に対応した品揃えをします。

（2）他社の移動店舗との最大の違いは、鮮度と惣菜の品揃えです。
（3）生鮮のパック商品は店舗と同じ価格とし、日配とグローサリーは通常価格を基本とします。

## 組合員の期待

組合員から、地域の交流の場として期待する声が届いている。

「移動店舗が定期的に身近へ来ることによって、お買い物の不便が解消できるし、移動店舗の周りで井戸端会議が始まれば、地域の人同士の交流が深まります。自宅や仮設住宅に閉じこもりがちな方々にとって、外に出るきっかけにも移動店舗がなるといいですね」

テーマ別では、まず品揃《ぞろ》え関連の声が多い。
・園芸用のプランター、土、殺虫剤などもあると良い。
・ゆでもろこしなど、一人暮らしでもすぐ食べられるものが欲しい（八〇歳代・女性）。
・トイレットペーパーやゴミ袋など、かさばる物は助かる。
・鮮魚の品数を増やして欲しい。今は魚屋が売りに来ないし、他の移動販売車でも魚が無いので（七〇歳代・男性）。
・少量目の惣菜がもっとあると良い（七〇歳代・女性）。

・昼に軽食で食べるサンドイッチ、惣菜パン、菓子パン、おにぎりなどがあるといい。
・天ぷらやコロッケなど揚げ物を家でしないので買いたい（複数）。
・台所が狭いので、魚は一匹をさばくものより切り身の方が使いやすい。
・保管場所が無いので、炭酸飲料などもケース売りより単品でこまめに補充したい。
・巡回して来てくれるだけでもありがたい（七〇歳代・女性）。
・夏場はジュースをよく飲むので欲しい。特に仮設住宅は、ゴミの保管場所が少ないので、ペットボトルより紙パックを買うようにしているが品数が少ない。
・一人暮らしなので、移動店舗で食べきれる分を買っている（七〇歳代・女）。
・スーパーより移動店舗が身近で買いやすい。ＤＯＲＡは広すぎて年配の人は疲れる。
・品数は少なくても、目で見て買いたい（七〇歳代・女性）。
・新鮮な魚や刺し身が美味《お い》しい。
・品揃《ぞろ》えがたくさんあり嬉《うれ》しい。
・週三回来てくれるのでありがたい。品数も充実していて助かります。サービス関連などへの意見もある。
・商品を選ぶ際、他社は地面に箱を置いてくれるので選びやすい。（八〇歳代・女性）
・一品買うのにレジで並ぶのは恥ずかしい（六〇歳代・男性）。

・ほぼ移動店舗で間に合う。こんなものかと思うので特に要望なし。
・週三回来てくれるのはありがたいが、客が少なくやめてしまうのではと心配している。週一〜二回でも良いので、長く続けて欲しい（四〇歳代・女性）。
・移動販売が始まり良かった。買い物が助かります。
・もっといろいろな箇所にいけるといいね。
・ない品物は注文すると、次回に持ってきてくれるからありがたい。
・職員は大変だと思うけど、体に気をつけてがんばってください。
・本当にありがとうございます。年寄りが多くて、お店が遠く買い物が大変です。「にこちゃん号」のおかげで、皆さんと会えて買い物も賑《にぎ》やかで楽しんでいます。
全ての要望に応えることはできないだろうが、宮古市以外の被災地でも移動店舗への期待の声が高まりつつあり、すでに組合員の募金活動も進んでいる。コースは釜石コープ（大槌《おおつち》町、釜石市）と、けせんコープ（陸前高田市、大船渡市）において検討中で、二〇一二年の本格的な冬に入る前になんとか間に合わせたいと準備をしている。一日も早く宮古で運営を軌道に乗せ、買い物で困っている被災者を一人でも多く支援して欲しいものだ。

（2012年8月6日）

# 第10章

# 映画で街に元気を！子どもたちに夢を！

## [みやこ映画生協]

### 黄色いハンカチで飾った巡回上映一〇〇回記念

「アハハハハ！」

「ワー！」

映画「クレヨンしんちゃん　アッパレ！　戦国大合戦」の上映会場である集会所は、子どもたちの笑い声や歓声で何度も一杯になった。

「みんなでみっぺす！　たろう映画まつり」が、約四〇〇世帯の被災者が暮らす宮古市田老地区のグリーンピア三陸みやこで開催されていた。二〇一一年五月七日からスタートした被災地の巡回上映会が、二〇一二年五月二七日の今日で一〇〇回目となり、それを記念して、丸一日を「映画の日」としていた。

子ども向けのキッズシアターでは、他に「ふたりはプリキュア Splash Ster」、「仮面ライダー電王　俺、誕生！」、「ポケモン　ディアルガvsパルキアvsダークライ」、「ワンピース　エピソード　オブ　チョッパー　冬に咲く奇跡の桜」を上映し、テーマソングが流れると子どもたちは一緒に歌うなどして、延べ一一五名がテレビとは異なる迫力を楽しんだ。また賛同者から届いたクレヨンしんちゃんや、ポケモン、プリキュアなどのグッズがあり、映画の後でジャンケン大会をしてプレゼントしたことも盛り上がった。

別の集会所では、大人向けの懐かしいシアターがあり、「幸福《しあわせ》の黄色いハンカチ」、「男はつらいよ　第一作」、「鉄道員（ぽっぽや）」、「ALWAYS　三丁目の夕日」が上映され、仮設住宅から足を運んだ被災者延べ七七名が大いに笑い、そして涙をぬぐっていた。

この日のため、みやこ映画生活協同組合（みやこ映画生協）の支配人である櫛桁一則《くしげたかずのり》さん（40歳）が、インターネットで呼び掛けたところ、温かいメッセージを書いた実に三四〇枚もの黄色いハンカチが全国から届き、高いポールにはった五本の綱や駐車場のフェンスにも飾り、海からの風にゆれ青空に映えた。その中のいくつかである。

「あわてないで　いそがないで　あなたらしく　生きてください」

「人生という映画は、まだ始まったばかりです。笑えるエンディングになるように、ともにがんばりましょう」

「いっぱい感動して、いっぱい笑って、いっぱい元気になってください」

「映画を観て、たくさん泣いて笑いましょう。涙と笑いは心を元気にしてくれます」

中には北海道に住む小学三年生の男の子からの、「ひさいちのみなさんへ　えがおをか

巡回上映会にに集まった子どもたち。（写真提供・みやこ映画生協）

ならずとりもどしてください」とのメッセージもあった。

準備は前日から始まり、当日の朝八時半には集合し、映画生協の役員六名だけでなく、宮古短大や遠くは神奈川や東京からもボランティアが駆けつけてくれた。黄色のハンカチの取り付けもあれば、上映機材のセットや、提供するお茶やたこ焼きやポップコーンなども準備した。会場の入り口には、黄色地に赤で「映画で地域を元気に！」と、茶色の布に白い字で「巡回映画会」と書いた幟《のぼり》も立てた。

なおこの企画は、みやこ映画生協が主催し、一般社団法人コミュニティシネマセンター、松竹株式会社、東宝株式会社、東映株式会社、岩手県立大学宮古短期大学、一般社団法人SAVE IWATE（東日本大震災復興支援チーム）、宮古災害復興支援活動チームＭＡＤが協力して実現した。

**「心の栄養を届けることができました」**

たくさんの人たちの力で成功させた、巡回上映一〇〇回のイベントであった。その一人が、映画生協理事でもある福士久美子さんであった。資金の目処《めど》がまだつかないときに、「どうにかなるから」と巡回上映を推し進め、一〇〇回の記念イベントのときは、沖縄や北海道の知人二〇名に、手書きの手紙を出した方でもある。

その福士さんが、イベントの後で当日の新聞記事のコピーを添えて、黄色のハンカチを送ってくれた方への礼状を出した。

皆さまへ

緑の美しい季節になりました。心のこもったメッセージをそえた黄色いハンカチをお送りいただき、本当にありがとうございました。当日は晴天で、少し風のある日でした。青空に黄色いハンカチが、風になびく様子を見ていたら、巡回で第一回上映会にこぎつけるまでのことが思い出されて、感慨深いものがありました。映画での避難所廻りを計画すると、震災後すぐの企画ということもあり、映画会社から作品の無償提供が上手《うま》くいかない状況になった時もありましたが、それでも私たちは諦めませんでした。
『やろう!!　お金がかかるとしてもそれは何とかなるヨ』
そんな気持ちで始まった上映会でした。子どもたちが笑い声を上げて鑑賞する姿に、また大人の上映会では、コーヒーを飲みながら鑑賞し、感謝しつつ帰っていかれる姿に、励まされて続けてくることのできた一〇〇回です。あらためて映画の持つ力を確認させてもらいました。被災地で求められる心の栄養を届けることができました。皆さまのご協力のおかげです。ありがとうございました。

無事に巡回上映一〇〇回を成功させ、一年間の振り返りをしつつ、全国の仲間に感謝している福士さんの優しさがよく表れている。

**みやこ映画生協とは**

マリンコープDORAの二階にあるみやこ映画生協は、八五席のシネマリーン1と六二席のシネマリーン2があり、一九九六年に以下の願いで生協法に基づき設立となった。

「設立趣意書

（略）宮古市にかつて7館もあった映画館が次々に閉館し、大船渡《おおふなと》以北の三陸《さんりく》地方では完全にその姿を消してしまいました。今世紀最高の総合芸術ともいわれる映画の素晴らしさや、その感動を日々の暮らしの中に生かすことができなくなってしまいました。

こうした不幸な状況下でも、映画の素晴らしさを一人でも多くの市民の暮らしに取り戻したいという願いをこめ、住民で組織する自主上映団体が誕生し、多くの市民や行政のバックアップにより、自主上映を成功させてきました。（略）

『宮古にも映画館を』『映画を観る私たちの声が反映できる映画館を』『小さくても近代的で映画の楽しみを満喫できる映画館を』など、夢が広がっていきました。（略）生活協同組合は、趣旨の賛同者が組合員になって、みんなで出資・利用・運営する組織であり、この方式で映画館を運営（経営）することが最良であると考えます。

地域の子どもたちに、お年寄りに、映画の素晴らしさを……。そして高齢化社会の中でいつかは老後を迎える私たちが、現在と未来の活き活きとした暮らしを創造するために、この三陸の中心宮古に、私たち住民が力を合わせ素晴らしい映画館をつくり、それを運営しようではありませんか。

楽しい映画は、多くの人と観ればその笑いももっと大きくなります。感動は、その場で観る人々の数だけ深くなります。自分たちでつくり運営する私たちの映画館に、人々が集い感動を共有できることは、とても素晴らしいことだと思います。

この三陸地方に住む老若男女が力を合わせ、県内一の素晴らしい映画館をつくり、その上映をみんなの知恵と力で成功させましょう」

こうしてスタートした映画生協は、二〇一二年三月で組合員一七、六七〇名となり、厳しい経営内容で推移しているが、当初の目的に沿って運営している。

**巡回映画で「街に元気を！　子どもたちに夢を！」**

みやこ映画生協の震災後の取り組みについて、櫛桁《くしげた》さんから話を聞いた。七年前に建築設計の仕事から、映画が好きで転職した人である。

「映画館自体は被災を逃れましたが、町の大変な災害を見ると、こんな状況で映画を楽しんでもらって良いのか悩みました。ところが『子どもが映画を待っています』との声がいくつも届き、被災したこんなときだからこそ映画が求められていること知り、『街に元気を！　子どもたちに夢を！』を目標にし、三月二六日より上映を開始しました。

また、映画館に来ることが被災者ができなければ、こちらから映画を持っていって、たとえ二時間でも映画を楽しんでもらいたいと思いました。すでに全国からの食料品は、被災者に十分届いていましたので、お腹《なか》でなく映画で心を満腹にしてもらいたいと考えたのです。

そこで『あなたの地域でも上映して欲しい所がありましたら、お気軽にご相談下さい。経費その他は一切かかりません。会場設営等をお手伝い頂ければ幸いです。被災地域であれば、岩手県内のどこまでも行きます』と案内しました」

こうした結果、宮古市だけでなく釜石市や山田町などの仮設住宅からも、上映したいとの連絡がありそれぞれ実施した。

同時に、巡回上映にあたっては費用もかかるので、インターネットを通して櫛桁さんは、全国に支援の要請をした。それに対してシネマエール東北が経費支援をしてくれることになった。またインターネットによる支援要請とは別に、いくつかの映画会社からは無料での作品提供や、子どもたちに文具類をプレゼントする申し出があった。

二〇一一年の一二月末に櫛桁さんは、震災からの振り返りを次のようにまとめた。

「あっと言う間の一年でした。暑い最中に巡回上映会の準備をし、スクリーンに汗が滴り落ち、慌てて拭いていた頃がついこの前のように感じます。未曾有の大災害に意気消沈しましたが、皆さまからの励ましや応援でこれまで活動することができました。改めて心から厚く御礼を申し上げます。

皆さまからのご支援で被災地巡回上映は、これまで野田村から大船渡市までの八市町村七〇カ所で、二、九〇〇人の方々に映画の素晴らしさを感じてもらいました。来年からも引き続き『映画で地域を元気に』、そして『映画館の灯を消してはいけない』という二つの大切な光に向かって、映画の力を信じて活動していきます。二〇一二年もよろしくお願いいたします」

巡回による上映を通して、引き続き復興に貢献しようとする櫛桁さんの想いがよく伝わってくる。

### 大船渡市にて

二〇一二年二月二九日の午後に大船渡市の崎浜公民館で、一九七六年に封切られた寅さんシリーズの一七作目「男はつらいよ　寅次郎夕焼け小焼け」の上映会があった。宮古市から車で約二時間かかり、櫛桁さんは一人で機材を運んだ。会場では遠野まごころネットのボランティアが会場準備に協力して、高い窓を塞《ふさ》いだり、エバラ食品工業株式会社の協力による昼食用のラーメンの提供もあり、それらを手伝ってくれた。

四〇名余りの方々が集まり、炊き出しの温かいラーメンと、映画ではマドンナ役の太地《たいち》喜和子《きわこ》さんと人情味あふれる寅さんを楽しんだ。笑い声もたくさん聞こえ、「楽しかった」と何人もが感想を話していた。

大船渡市の七夕《たなばた》会館では、二〇一二年三月三〇日の午後に九四回目として、二〇〇五年に封切られたディズニー作品「チキン・リトル」を上映した。当日は天気も良くて、外で走り回っていた一〇名の子どもたちが集まって楽しんだ。

## 宮古のフラガールも応援

被災地支援特別上映会として、映画「フラガール」を、二〇一二年三月一三日に二回とも無料で鑑賞してもらった。キネマ旬報邦画第一位や日本アカデミー賞最優秀作品賞に輝いた名画で、日本映像職能連合の協力企画の第二弾であり、前回は「蒲田《かまた》行進曲」だった。福島県いわき市にあった常磐《じょうばん》炭鉱が閉山となり、炭鉱で働く人々を中心に町おこしへつなげ、設立した常磐ハワイアンセンター（現、スパリゾート・ハワイアンズ）誕生までの苦難の多かった実話を、ハワイアンミュージックとフラダンスで明るく描いている。

同センターは、震災のためしばらく閉館していたこともあり、「フラガール」の上映会によって、同じ被災者同士で元気になることも目的であった。

映画生協シネマリーンの劇場PRだけでなく、宮古《みやこ》市広報や災害エフエムなどの宣伝もあって通常以上の方が来場し、補助席まで出して約一〇〇人が楽しんだ。上映前には、群馬から駆けつけた「ウクレレユニットりす」によるフラガールのテーマ曲など三曲が披露され、また宮古で活動している「ハーラウ・フラ・オ・ミヤコ」の女性五名が、カラフルな衣装で激しいフラダンスを披露して盛り上げてくれた。さらには「フラガール」の李相日《リ・サンイル》監督や、日本映画監督協会理事長の崔洋一《さいよういち》（チェ・ヤンイル）監督が、遠路にもかかわらず駆けつけて挨拶《あいさつ》をしてくれた。

なおこの上映会は、日本映像職能連合・みやこ映画生協・一般社団法人コミュニティシネマセンター・NPO法人ジャパンフィルムコミッション・東日本映画上映協議会、株式会社ジェイシネカノンが協力して主催した。

## 野田村でも

岩手県の北部沿岸にある野田村で、一二八戸と最大の野田中仮設団地集会所では、二〇一二年五月二三日の午後から、寅さんシリーズの一作目「男はつらいよ」を上映した。まだ寅さんの妹のさくらは結婚しておらず、マドンナ役は光本幸子さんであった。

仮設団地の自治会長が、「今日は雨降りだったので、畑仕事も休みだったからちょうど良かった」と挨拶《あいさつ》した。

櫛桁さんの母校はここなので、「私は出身が久慈《くじ》で、高校はこの野田に通っていましたよ」と話すと、集まった二〇名がより和やかな雰囲気となった。

「本当に楽しかった、また来てください」

「寅さんの映画は四八作もあるのなら、四八回も来ないとならないね」

「楽しかったありがとう。こういう活動を一〇〇回近くもやっているのは、本当に素晴らしいことだ。ありがとう」

それぞれがお礼を言いながら集会所を出ていった。

**多様な協力関係を築き**

櫛桁さんは、上映のために多様な協力関係を育んできた。避難所と協力し、その一角で上映したし、夕食を終えてから夜の映画会もあった。

宮古市重茂、野田村、釜石市では、同じく震災以降に、落語で心のケア活動をしている「ココロ寄席」と共催し、若手の噺《はなし》家《か》に来てもらっての落語と映画の共同企画を実施した。岩泉町にあるスローフード岩手、いわて生協、非営利団体ふらいパンダ、JR東労組などとの共催では、会場の外で炊き出しをするなどして好評であった。

二〇一一年の大晦日《おおみそか》には、宮古市災害復興支援活動チームである宮古アクション・ディベロップメント（MAD）と年越しイベント「暖々《だんだん》に」を協力した。竹下景子さんがマドンナ役の「男はつらいよ　口笛を吹く寅次郎」と、アニメ「クレヨンしんちゃん」を上映し、その後にＮＨＫテレビの紅白歌合戦をスクリーンに映して皆で楽しんだ。

またエンターテインメントに携わる人たちが、人間として自分に出来ることを全力でしようと決意して立ち上げたｋｉｚｕｎａ３１１の主催で、「はやぶさ　はるかなる帰還」をシネマリーンで上映したときは、瀧本智行《たきもとともゆき》監督と主演の渡辺謙《わたなべけん》さんも来場して交流してくれた。

日本でただ一つの映画生協が、震災の中で映像文化を通した新たな助け合いの輪を広げつつある。（２０１２年7月20日）

# 第11章　協同組合の精神で「ゆりかごから墓場まで」
## ［いわて生協葬祭事業セリオ］

### 安心で納得の葬儀

「津波による震災で家が全壊し、仮設住宅に入っていますし、セリオ積立もしていたので、セリオホールみやこに頼みました。お部屋は床暖房で暖かく、台所は広く、飲食の持ち込みも自由にできました。お風呂や洗濯機もあり、自分の家と同じように過ごすことができました。また遺族の人数も多かったので、ホテルに泊まるよりだいぶ安くできたので助かりました」

「初めての葬儀はわからないことばかりでとても不安でしたが、セリオとの打ち合わせのときは、一つひとつに丁寧な説明があり安心しました。それでもわからないこともあり、そのつど電話をしてたずねましたが、とても親切に応えてくれました。対応も早く、何度も自宅まで来てもらい、とてもありがたかったです。生協のセリオは頼りになるし、全てを任せられると感じました」

どちらも宮古《みやこ》市に住み、いわて生協葬祭事業の一つであるセリオホールみやこを利用した女性の感想である。

不安でわかりにくい葬儀から、安心で納得の葬儀にすることをモットーにしているセリオホールみやこは、オープンからまだ一年と数カ月だが、組合員の期待に応えつつある。

なおセリオとは、スペイン語で「真心のこもった」という意味である。

マリンコープDORAの後方で、少し坂道を登った見晴らしの良い高台に、いわて生協セリオホールみやこの新しい平屋の建物がある。全体はグレーのシックな壁で、ひさしの部分にブルーで横にラインを入れてアクセントにしている。駐車台数六〇台の敷地内の横には、太陽光パネルをずらりと細長く設置し、自然エネルギーを使用して環境に配慮している姿勢をうかがうことができる。自然環境に優しい取り組みは、石油資源を守るために植物系のローソクを使用したり、森林資源を守るためにハガキは非木材系を使い、また紙製の〝エコ棺〟を薦め、CO2排出の削減にもつなげている。さらには全館が、効率の良いLED照明を採用した省エネ設計になっているし、バリアフリーなので全ての施設を車椅子で利用することができる。

施設は、**表8**のように充実している。

もしもの時は、病院から直接にご遺体を搬送することもでき、自宅と変わらないように、各室に浴室またはシャワー室、キッチン、冷蔵庫、食器棚、電子レンジ、テレビ、座布団、

表8 「セリオホールみやこ」の施設

| | |
|---|---|
| いちょうホール | 葬儀会場・180名様まで（イス席） |
| | 法事会場・100名様まで（イス席） |
| はまぎくの間 | 通夜の間・60名様まで（二間・52畳） |
| つつじの間 | 通夜の間・60名様まで（二間・52畳） |
| あかまつの間 | 通夜の間・50名様まで（二間・42畳） |

一時保管金庫を備え、子どもが安全に遊べる部屋もある。また宗派は問わずに宗教家の控室を設置している。

なお、セリオ積立とは、万が一のときの出費に備えて計画的に資金を準備する制度で、積立月額は一、〇〇〇円単位で毎月払う他に、半年払い・年払い・一時払いから選択し、積立目標限度額一八〇万円の範囲内で、目標金額を自由に設定可能である。葬式や仏壇や墓石の購入等は、大きな金額がかかるので、いつか訪れる〝もしもの時〟に備えて、計画的に積み立てをし、組合員の方々とセリオを安心と信頼で結びつけている。

**生協で「ゆりかごから墓場まで」**

いわて生協の葬祭事業セリオは、以下のような歩みをしている。

一九九三年　盛岡地域で葬祭事業をスタート
二〇〇〇年　本格的な葬祭会館セリオホール中野（盛岡市）開設
二〇〇六年　セリオホールみたけ（盛岡市）開設
二〇〇七年　地元業者との事業提携により、花巻市でセリオ事業

をスタート

二〇〇八年　地元業者との事業提携により、北上市でセリオ事業をスタート

二〇〇九年　セリオホール緑が丘（盛岡市）開設

二〇一一年　セリオホールみやこ（宮古市）開設

二〇一二年　セリオホール釜石（釜石市）開設

こうしていわて生協は、全国の生協でも数少ない葬祭事業を直営し、その基礎は一九九三年までにできている。その頃の内部資料などから、どのような議論を積み上げてコンセプトなどを創ってきたのか以下に触れる。

葬祭事業の基礎は、県内の五生協が合併して三年がたった一九九三年にほぼできた。モノや金の万能主義に棹《さお》さしながら、心豊かな暮らしの創造や、ゆりかごから墓場までを目指し、生協の総合的な事業についての夢を、一〇万人の組合員と共に語りあっていた。

まずは、「みんなの声で、生協らしい心のこもった安心して任せられる葬祭事業」を掲げて、葬祭アンケートを実施し約四、〇〇〇人から回収した。これに基づき、最近葬儀を体験した各ブロックの組合員代表一五名で、葬祭事業検討委員会を立ち上げ、組合員の思いを以下の三点に集約した。

①　生協の葬祭は、商業主義化した他の葬祭業者と異なり、あくまでも地域の組合員の

助け合いや教え合いという生協の精神を活かし、組合員福祉の性格を持たせ、「ゆりかごから墓場まで」の、将来のあるべき生協事業のひとつとして位置づけて欲しい。

②　葬祭サービスは、喪家《そうか》や故人の意思に基づいて、仏式だけでなく教会葬・神葬祭・無宗教（音楽葬・友人葬）など、新しい時代にも対応できるように、料金もガラス張りで安心して託すことができ、納得のいくシステムと品質で、組合員が満足できる水準が望ましい。

したがって担当職員を十分に教育し、業者に委託するところを少なくし、生協が独自で責任をもって行って欲しい。

③　葬儀だけでなく、食品添加物にも留意した法事の料理・返礼品・仏壇仏具・墓石などの斡旋《あっせん》や、座布団・座卓などのレンタルサービスも大切である。いつでも誰でも気軽に相談できる窓口と、皆に役立つ情報の提供や必要に応じた手伝いなど、総合的にあくまで利用する組合員の身になって生協らしさを発揮して欲しい。

その上で、生協の葬祭事業のコンセプトを以下のように提案している。

「喪家と遺族の身になって、組合員かその家族であった故人の弔いである葬送儀礼を、心をこめてお手伝いする。

会葬者や地域の生活者が、お互いに故人の心とその一生を共に分かち合い、ご冥福をお祈りしながら葬送儀礼をより深くとらえ、故人を送る営みが、お互いの生きることとの再発見につながるような葬儀のあり方を求めたい。

業界(者)発想から生活者発想へ、モノの重視からココロの重視へ転換させる。用品は品質を、サービスは品位を第一に、あくまで利用する組合員の立場で、安心して頼りにできるものにする。そして組合員が、誇りに思える葬祭事業へと成長させる。

高齢化社会へ対応した生協の地域福祉の観点に立って、相談窓口からいろいろな葬送儀礼はもちろんのこと、年忌法要、仏壇や墓石の斡旋《あっせん》、レンタルから葬祭費用の一時融資システム、『福祉助け合いの会』との提携による手伝いなど、総合的なサービスの提供を行う」

こうした中で事業開始の半年後に葬祭検討委員会は解散し、新たに一般組合員の参加による「まごころ委員会」が設立され、組合員の立場から事業に対し新しい提案や、儀式施行に関連した意見を述べるなど、事業へ積極的にかかわる活動が今日まで続いている。こうして、いわて生協葬祭事業の理念を事業運営の中で活かし、組合員が安心で満足を感じるように進んでいる。

## 安心で納得のセリオみやこめざし

盛岡市でのセリオの評判が良く、宮古市でも欲しいとの組合員の声は数年前から高まり、事業開始の強い要望が出ていた。生協で長年活動したり働いた人たちが高齢になる中で、自分たちの最期は、やはり安心して任せることのできる生協にしたいとの思いは、宮古市でも広がっていた。

当初は二〇一一年五月オープンで準備を進めていたが、震災で全ての進行が止まり、いつ開業できるかわからなくなった。しかし、今だからこそ生協の葬祭事業として役立つことがあると、関連する業者の方たちの協力も得て、同年六月下旬に誕生させることができた。

セリオホールみやこのマネジャーである吉田真人《よしだまこと》さん（49歳）に、オープンからの取り組みについて語ってもらった。

「まずは、セリオで大切にしている明瞭な料金や見積書です。葬儀が終わって請求書が届いて料金に驚くことがないように、『これで総額です』という細かい見積書を出し、そこから話し合って不要なものは除いていきます。

また、料理、会葬礼品、引物《ひきもの》、盛花《もりばな》、盛籠《もりかご》などは、地元の業者と提携していますので地域経済に貢献しています。さらには知り合いや親類の店から、納品を希望するときには応じています」

吉田さんから、利用者との打ち合わせに使ういくつかの書類を見せてもらった。そこには、以下のような項目で明細が書いてあった。

葬儀全般

○ご遺体搬送・安置　○祭壇設営（会館・自宅）　○納棺　○通夜　○出棺　○火葬

○逮夜《たいや》　○葬儀・法要　○納骨　○ご法事　○後飾り　○葬儀後のご相談

法要・ご法事

○案内状作成　○生花・供物　○料理・飲物・引物・菓子　○マイクロバス手配

○会場手配

年忌法要・ご法事全般の手伝い。

各種案内状・文書印刷

○挨拶《あいさつ》状　○御礼状　○案内状　○年賀欠礼状　○寒中見舞その他の文書作成

仏事相談

○セリオ積立　○事前相談　○しきたり・作法　○寺院・墓所

各種お返し・ギフト

○会葬御礼　○香典返し

生花・花環・盛籠

セリオホールみやこの全景。

○盛花・供花　○枕花　○アレンジ花
○鉢花　○花束　○観用鉢　○花環
○盛籠

　これだけ明細を分けていれば、利用者も安心して納得することだろう。

## 宮古市の風習にも対応し

　盛岡市で培ったセリオの生協らしい明瞭な料金体系は、宮古市でも好評である。ただし、「宮古ならではの工夫も必要」と吉田さんは話してくれた。

「葬祭業者の中には、『こうしなさい』と決め付けて、例えば宮古では、火葬中に祭壇を業者が中心になって造ることがよくあります。それに対してセリオでは、あくまでもご遺族のお手伝いをする立場に徹して、『これでどうですか？』と提案させてもらい、利用者の信頼や安心につなげてきました。震災の後で入った仮設住宅やアパートは、それまでの自宅に比べると狭いので、宿泊施設があり駐車場も広いセリオを利用される方がいました」

宮古市は自宅で葬儀などを行う一般的な地域だったが、核家族化や共働きの増加もあれば、隣近所で手伝いをする人が少なくなっていたところへ、今回の震災がさらに葬儀の簡素化を促した。

そうした状況において、盛岡で学んできたことを活かしつつも、吉田さんはいくつかの戸惑いもあったと話してくれた。

「同じ岩手県でも盛岡とは異なった風習が宮古にはあり、いろいろと勉強をしています。ご位牌《いはい》を持って津波から逃げた人もいるほど、仏様を大切にする地域で、お盆になると各家庭から、提灯《ちょうちん》をもって近くのお寺に出かけて灯りを頂いて帰り、家の迎え火にするとか、またそれぞれでたくさんの花火をするなど、独特の風習がいくつもあります。このため高齢者の発言力が強く、新しいことへの取り組みがなかなかむつかしいこともあります。

それでもいろいろな地域の方と混じりはじめ、葬儀を簡素化したい人もいますので、それぞれの意向を大切にしながら柔軟に対応していきたいものです」

地域での独自の作法があり、吉田さんたちは当初戸惑う場面もいくつかあった。仮設住宅にいる被災者には、同じく被災している親類が多いので、葬儀のお知らせを通常は控えていることもそうであった。

ともあれ風習をどこまでも大切にする人と、そうではなく必要最小限にとどめたいと願う人もいる以上は、吉田さんが言うように臨機応変に対応することが重要であろう。

最後に、セリオを通した吉田さんの夢をたずねた。

「世帯の生協組織率が八割もある宮古市なので、もっと気軽に人と人のつながる場にセリオがなり、関連する情報の発信ができればいいですね。そのためには、大きなホールのあるこの施設だけでなく、街中には小さなセリオをいくつも造り、いわて生協の店舗や共同購入が親しまれているように、もっと利用者にセリオも身近に感じてもらいたいものです」

宮古市では、いわて生協による食の供給が各世帯へきめ細かく届いているが、それと同じようにセリオを通した豊かな暮らしを広げたいという大切な思いである。高齢社会を迎えた宮古市だけでなく、日本中のどこの地域でも出てくる重要なテーマでもある。

## 安心のある暮らしを釜石でも

廃業になった釜石の葬祭事業者から、良心的に県内で営業しているいわて生協に、施設などを譲渡したいとの申し入れがあり、協議が成立して二〇一二年三月にセリオホール釜石が誕生した。

いわて生協の理事の声である。

「ここ数年は釜石市と大槌町の釜石コープで、組合員から出されていた要望がもっとも多かったのは店舗で、次がセリオでした。組合員みんなが待ち望んでいたセリオが、ついに実現することになりました。

生協らしい真心のこもった葬祭事業の展開は、安心のある暮らしにつながることでしょう。組合員みんなの力で育てていきましょう」

こうして釜石でも、セリオの取り組みがスタートした。

何よりも故人や遺族の思いや送る心を大切にし、故人を偲《しの》ぶ儀式をセリオは手伝い、生協の新たな可能性を広げつつある。（2012年8月10日）

# 4部
# 岩手県の笑顔を

野田村
八幡平市
葛巻町
普代村
岩手町
田野畑村
岩泉町
Belf牧野林
滝沢村
盛岡市
雫石町
重茂漁協
宮古市
矢巾町
紫波町
山田町
花巻市
大槌町
西和賀町
遠野市
北上市
釜石市
金ケ崎町
住田町
大船渡市

宮古市以外にも陸前高田市《りくぜんたかた》や大槌町《おおつち》など、被災地は岩手県の沿岸部につながっているし、さらには津波による被災はなかった盛岡市など内陸部でも、格差社会が広がるなどして、形は異なっても暮らしで困っている人は少なくない。

いわて生協では、食を中心とした購買事業以外にも、事故や病気のときの互助である共済事業にも県下で取り組んでいる。さらには独自の強いこだわりを持って運動や事業を展開する生活クラブ生協岩手もあれば、組合員の家計を支える長い実績を持った消費者信用生協もあるし、自らの力で仕事おこしをすすめる労働者協同組合（ワーカーズコープ）も活動し、震災を組合員と共に乗り越えて復旧・復興を進めている。

こうした多様な生協が、それぞれの役割分担を果たして岩手県の復興や活性化に寄与し、岩手県における笑顔づくりに貢献しつつある。

# 第12章 共済で心の支えにも

## ［CO・OP共済］

### 被災者に寄り添って

「奥さまと家を流されてしまい、仮設住宅で一人暮らす七〇歳の男性の方が、あるときカウンターにやってきました。『何をしていいのかわからない』というのです。調べると奥さまの名前で生協とCO・OP共済にも入っていましたので、共済金や見舞金の手続きの仕方をお伝えしました。

それからというもの店にバイクで買い物に来ると、必ずカウンターの前までやってきて顔を見せ、『来たよ』とか『お金が入ったよ』とか、最近は『よお！』って言ってくれるときもあります。いくらかでもその方の、元気になることに役立っているといいのですが」

宮古市にあるマリンコープDORA（DORA）のサービスカウンターで、CO・OP共済を担当している加藤知子《かとうのりこ》さん（45歳）の話であった。四人の子どものうち三人がミニバスケット部に所属し、小さい頃から突き指や捻挫などを繰り返し、いつもCO・OP共済の世話になり、その大切さは自覚していた。この震災で金銭的な保障だけでなく、共済を通した人との触れ合いの重要性を再認識している。

ＣＯ・ＯＰ共済のお役立ちを震災で改めて感じているのは、同じ職場で共済を担当している中里ゆかりさん（41歳）も同じであった。

「テレビで避難所にいることを知った顔見知りの人が、後日にＤＯＲＡのカウンターへ来ましたので、聞くと一階に水が入り、オール電化にした家ではまったく生活できなくなったとのことでした。共済金のことを話すとまだ何もしておられず、すぐ手続きをしました。すると振り込みがあり、その人と次に会ったとき、『送金が早くて助かりました』と本当に喜んでもらいました。

私には二人の子どもがいるので、共済の大切さを理解はしていましたが、こうして目に見えるお役立ちにつながり、生協で働くことの意義を確認することができました」

どちらもＣＯ・ＯＰ共済を通した金銭面での支えだけでなく、精神面を含めて大切な役割のあることを実感し、生協での働きがいをいっそう強めている。

## 全国の協力で被災者の訪問活動を

いわて生協における震災後の共済の取り組みについて、担当役員である常務理事の大守《おおもり》哲夫《てつお》さん（60歳）は、コープ共済連が、二〇一二年七月に発行した『東日本大震災ＣＯ・

ＯＰ共済　震災対応の記録』に寄稿した原稿で、以下のように全体像を紹介している。

「昨年の3月11日午後、大きな揺れが続く中で電気・コンピューター通信が止まり、沿岸の事業所とは電話も通じなくなりました。地震直後の15時に災害対策本部を立上げ、余震の続く中で、職員の安否確認や事業所の被災状況の把握に着手しました。

共済センターの職員の安否は、当日に一関市と釜石市で仕事をしていた職員から、盛岡に向かっていると連絡が入ったものの、宮古市にいた職員とは連絡が取れないまま心配しました。この職員は、家族との連絡も付かないまま、店舗の職員と一緒に店頭での営業継続や、避難所への物資提供などに取り組んでいたことを後で知ります。彼の無事な顔を見たのは、一三日の朝になってからでした。

サンネット事業連合のコンピューターや物流システムのダウンにより、共同購入（宅配）再開の目途《めど》は立たず、経理システムや共済ネットワークも稼動できない状態が続きました。

共済カウンターのある店舗には、問い合わせがあった場合は連絡先を控えておくように指示しましたが、共済センター自体は事務所の片付け程度しかできない状況でした。

コールセンターには、いわて生協の加入者から一二日は一本、一四日は五本、一五日以降は二桁に上る数の電話が入りました。システムの復旧後、コールセンターの受電情報と合わせて、契約者情報から被災地域の町名別に被害の申し出状況を集約することで、町名や集落レベルでの被災傾向が把握できるようになり、震災後一〇日ほど経過した時期から、契約者訪問活動に向けた準備に着手しました。

訪問地図作成のために共同購入・地図システムの活用や、現地支部職員の訪問活動への参加協力へと進んでいきました。共済センターからの訪問活動に参加できる職員数が限られていたので、土地勘を持っている支部拡大タスクや配送担当職員の参加は、大変ありがたいものでした。

四月八日にコープ共済連の現地事務局が開設されて職員が常駐し、支援者の受け入れ準備や訪問時に使用する資材の調達に入り、共済センターは訪問用のリストと地図作りに着手しました。

地図にデータでプロットされた加入者宅マークに、リストから名前を拾って書き込む作業も、予想を上回る時間を要しました。

そういう状況の中で四月一五日の訪問活動開始日を迎えましたが、何とかできた数日分の地図を現地基地に届けるのが精一杯でした。始めの頃の地図は使いやすいものとは言えず、第一クール（活動五日間を一クールとして支援チームが入れ替わり、当初第九クールまで予定）の支援者には、必要以上のご苦労を掛けました。

一方、店舗には三月中に掲示物を出し、異常災害見舞金等のお知らせを始めていましたが、燃料不足で沿岸や県南部の店舗を訪問することもままならず、現地の状況把握が後手に回っていました。

いわて生協の本部から沿岸被災地域までは、一般国道で片道一〇〇キロ以上の距離があり、継続的な訪問活動のためには、現地に近いところに宿泊施設を兼ねた基地が必要になります。訪問活動の前半は、やっと遠野市郊外の伝統的な民家の『南部曲り家』を借り、宮城県境の陸前高田市からスタートし、大船渡市・釜石市・大槌町と北上しました。訪問エリアと地図の管理の習熟度が向上し、何より支援メンバーの訪問の手順が改善されながら引き継がれ、クールを追うに従い一日あたりの訪問件数が増えていきました。

ゴールデンウイーク明けには、現地基地を宮古市内のホテルに移し、山田町や宮古市の訪問に当たりました。訪問先は、被災から二カ月近く経ってもまだ大変なもので、辛うじて幹線道路の確保が進んできた状態でした。各地の生協からは、タオルや歯磨き、励ましのお手紙や花の種、メッセージを書き込んだ折り鶴など、訪問先に組合員さんやお子さんたちの気持ちまで届けていただきました。

共同購入（宅配）再開の見通しが立ってきた段階で、震災直後の被災地への緊急支援活動中心から、生協の事業を通しての生活再建支援に重点をシフトさせていく方針と、一人ひとりの組合員さんとのつながり作りを大切に進めていくことを、災害対策本部方針として確認しました。訪問活動の際には、避難所で組合員さんの安否確認からはじめて、異常災害見舞金や共済金の手続について説明することをお願いしました。

『共済推進どころではない』という状況下でも、訪問活動やサービスカウンターで加入者に接し、これまでなぜ自分たちがCO・OP共済を推進してきたのか、改めて主体的に捉え直すことができました。

今後の各地の〝もしものとき〟に向けて伝えたいことは、地震や津波等による災害では、多くの職員もまた被災者になるということです。

震災直後、宮古市の支部や店舗では、泊り込んで仕事に就かなければならない職員が何人もいました。釜石地区では共済の契約者訪問活動に、避難所や避難先の親戚の家から通いながら参加し続けてくれた職員もいました。

また、共同購入（宅配）の再開やお見舞訪問に向けた準備では、組合員の安否・配送コース・車両の確認だけでなく、出勤できる職員は誰か、避難している職員の着替えの衣類や靴はどうするか、コンビニも流された地域では昼食をどうするかまで具体化しなければなりません。さらに支部自体が津波の被害にあった大船渡や釜石では、代替のデポ機能も現地に確保しなければなりません。

多くの職員は自ら被災しながら、あるいは被災後の惨状が日常となった環境の中で、日々の業務や事業の復旧に取り組んできました。

メンタルな面での配慮と合わせて、緊急支援や業務回復に当たってきた職員一人ひとりの時々の思いを、組織として受け止めて寄り添った対応を組み立てていく必要があります。

コープ共済連制作の東日本大震災活動の記録ＤＶＤ「みつけた大切なもの」は、被災地域の事業所では、所属長の判断で完成後すぐの視聴は見合わせていました。二〇一二年になって、少しずつ見てもらえる状況ができています。

共済推進委員のあるパート職員の感想文を紹介します。

〈最初から最後まで涙でした。私は津波を見ていませんが、自分の家を見て、これは夢じゃない現実なんだ、すごいことが起きてしまったと、涙も出ずただ立ちすくんでいました。

たくさんの方の家がなくなったり、家族、友達、大切な人を亡くしてしまったりしていて、私なんか家がなくなっただけ……と考えなくてはいけないと思っていました。でも時がたつにつれ、何をなくしてしまったから良い悪いではなく、その場にいた人やいない人も、傷を負ってしまった人はみんな同じです。仮設住宅に住んで七カ月になろうとしていますが、自分がなぜここにいるのか、いつ家に帰れるのかとたまに考えてしまいます。

仮設住宅にお住まいの年配の方の新規加入も増え、その中で迅速かつ正確な対応を心がけています。
「困った時は生協に!!」と思っていただける日ごろの接客と、安心してもらえる笑顔で、加入件数を多く獲得することが目的でなく、「生協や共済に入って良かった!」と思っていただける業務をします〉

震災からいわて生協の共済事業部は、いくつもの貴重な教訓を得て、内部はもとより全国の仲間へも発信しつつある。

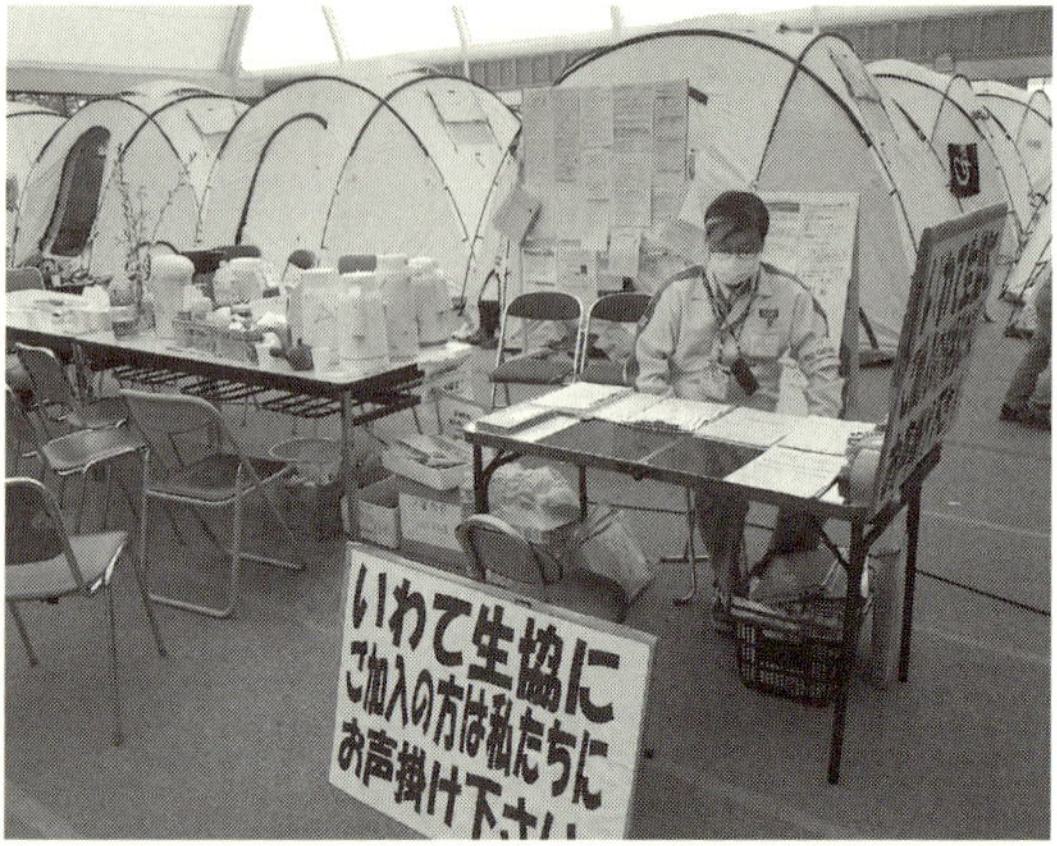

陸前高田市の避難所にて。被災者が暮らすテントの前で受付を行った。（写真提供・コープ共済連）

**「やっぱり生協の共済」**

共済金や見舞金を受け取った組合員から、いくつもの感謝の声などが生協に届いている。

「異常災害見舞金を早速入金していただき、本当にありがとうございました。まさかこういう見舞金が出るとは、思ってもみませんでした。ご案内をいただき、大変感謝しております。大震災で細かい損害は多々ありましたが、心が温かくなりました」（奥州《おうしゅう》市）

「内陸部でマンション半壊の被災だったので申し出をためらっていましたが、何度も案内のチラシ等を見ているうちに、『私も助けてもらっていいかな？』と思うようになり手続きをしました。ローンに加え修繕費は大きな負担です。お見舞金は、家計だけでなく心の支えにもなりました」（北上市）

「今回、震災から一〇カ月も経《た》っての異常災害見舞金の請求でしたが、とても助かりました。大震災で家など何も無くなってしまい、その後収入もなくなり、他の保険を四社ほど解約しましたが、ＣＯ・ＯＰ共済は掛け金が手頃なので続けています」（大船渡市）

「東日本大震災では、家のいろいろな所に不備が生じて困っておりました。そんなときに異常災害見舞金の話を聞き、地震から一年も経っていましたが請求させていただきました。すぐに入金してもらい大変ありがたく思っております。今後も組合員の立場になっての、親切な対応をお願いします」（大船渡市）

「子どもが三人共済に加入していますが、もう一人も加入させたいです。こうやって生協さんは、一軒一軒を訪問してくれるので、何かあったときは話ができます。やっぱり生協の共済に入っておきたい」（宮古市）

「津波で六時間も首まで浸《つ》かっていた。家にも生協から北海道の人がお見舞いに来てくれた。早かったよ。市や国もいかん。郵便局も遅い。役所では、昨日どなってきた。でも

生協は早い。生協はいいな」（宮古市）

「生協さんがなくなると本当に困るから、絶対に潰《つぶ》れないでくださいね」（釜石市）

「損保さんは給付の対象にならないとのことでしたが、生協では給付してくれるの。嬉《うれ》しいです」（山田町）

「大槌で母の実家が津波で流されました。すぐに対応してもらい、お見舞い金をいただきました。本当にありがたかったです」（釜石市）

それぞれが震災後の極限の状況において、助け合いとしてのお金と同時に、寄り添ってくれるCO・OP共済の思いやりにも深く感謝し、明日に向かって歩くバネの一つとしている。

**共済の原点を学び**

二〇一一年四月一五日から五月二四日までに、全国各地から岩手県に入って共済の活動を支援した人は、以下のように二一生協の七九名にもおよんだ。

CO・OPとやま一、大坂いずみ市民生協八、おおさかパルコープ七、大阪よどがわ市民生協二、京都生協五、コープあいち三、コープいしかわ四、コープぎふ四、コープこうべ二四、コープしが一、コープ自然派ピュア大阪二、コープ自然派兵庫三、コープ自然派連合会一、コープ自然派奈良一、富山県生協一、ならコープ三、西宮市民共済生協一、わかやま市民生協一、おかやまコープ二、こうち生協三、福井県民生協二、さらにコープ共済連の職員も現地事務局を含めて一八人が対応している。

こうした参加者は、それぞれの貴重な体験をふまえていくつもの大切な学びをしている。その一例である。

「釜石市甲子町《かっしちょう》は、沿岸部に比べて被害が少ないため、お見舞金の対象になることに驚き、深く感謝される方が多くいました。震災直後に配達に来た人が関西からの応援者であったことと、今回の訪問者が同じ関西人であったため、突然涙を流しながら感謝され、活動したことが無駄にならずホッとしました。

最後に訪問した組合員宅で、帰り際にご夫婦揃《そろ》って深々と頭を下げて、『ご苦労さまでした』と言われ、逆に勇気をいただきました」（コープこうべ）

「『沿岸部の方々の被災に比べれば、家がちょっとぐらい壊れてもどうってことはない』と言われる方が多く、全壊や一部壊にかかわらず、皆さんが心に傷を負っていると思うと辛くなります」（大阪いずみ市民生協）

「組合員さんから『上にあがってください』と言われ、三軒のお宅にあがりました。そのうちの一軒が、娘さんとそのお子さんの二人が亡くなられて、仏壇に三人の遺影と子どもの好きそうなお菓子とジュースを供えているのを目の当たりにし、涙が止まらなくなってしまいました。下のお子さんは、私の子どもと同じ歳の女の子であったため、最後は号泣してしまいました」（コープこうべ）

「大人が背伸びをしなければならない高さまで水没した地帯で、在宅されている組合員さんの家の中は畳のない状態で、今も掃除をしている所ばかりでした。お見舞金制度は生協らしい取り組みで、非常に喜ばれています。

一人でも多くの方に受けていただけるようにがんばります」（いわて生協）

「『ありがとう、助かります』と言って頂き、お役に立てて良かったという気持ちと、もう少し金額的に支援できたらいいなあと思う気持ちもあって、複雑な気持ちです。私たちは、全国の組合員さんの代わりとしてお見舞い訪問していることを忘れず、これからも共済の普及活動を続け、助け合いを伝えていきたいものです」（ならコープ）

「『わざわざ遠い所から』などと、訪問するたびに玄関でていねいにお礼をいただき、一日一日を充実して過ごしています。被害を受けられているのに明るく接してもらい、逆に支援しているこちらが元気をいただいている感じです」（おおさかパルコープ）

「山間の村で一見被害はなさそうに見えても、会って話してみるとあちこちが壊れている話をいくつも聞き出せたので、お役立ちできて良かった。『うちは大丈夫』と言ってい

た人たちと、もっと時間をかけて話をすれば良かったと後悔している」（コープ自然派ピュア大阪）

「今朝の新聞記事の、宮古市田老第一中学校歌『防波堤を仰ぎ見よ　試練の津波幾たびぞ　乗り越えたてしわが郷土　父祖の偉業や跡つがん』に涙した。校歌のように〝宮古魂〟で復活して欲しい」（コープ共済連）

「ご主人を亡くされたこと、家の地盤は液状化で沈下していることなど、いろいろと話してくれました。保険からは地盤沈下は保障の対象外と言われ、ご自身で修復していました。改めて見ると、外壁が浮き上がり歪《ゆが》んでいました。

『見舞金の対象になります』と話すと、表情が少し明るくなりました。わずかな金額ですが、組合員と話し理解してあげることが、見舞金の本当の目的なのかなと思いました」（コープいしかわ）

「がん特約に加入されている組合員は、『まさか、がんの保障で震災の見舞金が出るとは思わなかった』と話していた。お見舞いの品を届けると、『避難所から離れてしまうと、物資も届かなくなるし、もらうにも気が引けてなかなか取りにもいけない。こうやって訪問していただけることがありがたい。全国からのご支援は、モチベーションが上がります。本当に感謝します』とのことでした。『私たちは岐阜と愛知から来ました』と伝えると、組合員さんは、『えっ、そうなんですか。わざわざ遠くから来てくれて、本当にご苦労さまです。全国につながっていることを実感しました。ありがとうございます』と、とても感謝されました」（コープぎふ）

震災を契機に、これまで以上に生協の組合員と職員が協力し、共済の原点を再確認した新たな動きが岩手県でも進みつつある。（2012年8月15日）

# 第13章 地産地消で元気に

## 地産地消フェスタ in 牧野林

「地元の商品をみんなで利用して、岩手を私たちの力で元気にしましょう。それではこれから、第三回復興支援いわて生協地産地消フェスタ in 牧野林《まきのばやし》を開催します」

二〇一二年五月一九日の午前一〇時前である。いわて生協の本部に近いＢｅｌｆ（ベルフ）牧野林の広い駐車場を使い、二日間の地産地消フェスタがスタートした。

このフェスタを案内するチラシには、「地元の商品を利用し、岩手を復興させてまいりましょう」と題して、いわて生協の飯塚明彦理事長からの、次のような呼び掛け文が入っている。

「東日本大震災から一年が過ぎ、復興にむけた歩みが少しずつすすんでいます。沿岸の漁業・水産加工業をはじめとして、地域生産者のみなさんを応援し、岩手の復興につなげる企画として、今年もＢｅｌｆ牧野林を会場に『復興支援・地産地消フェスタ』を開催いたします。

昨年は2日間で2万1千人のご来場があり、『沿岸はじめ岩手のものを利用して復興支援を』という気持ちを、ひとつにすることができました。今年も県内各地の生産者・メーカーさんに多数ご出店いただくほか、たくさんのイベントも用意しております。ぜひ多くのみなさまのご来場・ご利用をお願い申し上げます」

Ｂｅｌｆ牧野林の店舗を背にして、高さ一メートルほどの大きな舞台が組んであり、その周りに生鮮産直コーナー、地元銘店ゾーン、被災地出店ゾーン、環境コーナー、住まいと暮らしの相談コーナー、屋台村飲食ゾーンなどのテントがいくつも並び、飲食ができるように椅子やテーブルも配置していた。

天気も良く、すでに子ども連れを含めて多くの方が来場していた。舞台を取り巻く紅白の幕の前では、いわて生協のＰＢであるアイコープ商品の岩手県産小麦と米のロールパン五個入りの袋が、一〇時から先着二〇〇名に手渡された。

そのプレゼントが終わると、ステージでは近くの保育園の園児一六名と職員による川前太鼓の演奏があり、豪快な響きが会場に流れ、フェスタの雰囲気が一気に盛り上がった。

店内での出店を含め、製造委託メーカー・六、地元銘店コーナーには二八、生鮮直売コーナー・五、組合員活動・環境・他で九、宮古《みやこ》など沿岸の被災地からの出店三〇、飲食六の合計八四団体がブースを出していた。それぞれが色とりどりの商品やポスターや幟《のぼり》などを出し、すっかりお祭り気分である。

なおこのイベントは、岩手県の盛岡広域振興局・県北広域振興局・沿岸広域振興局が共催し、盛岡市・滝沢村・宮古市が後援していた。

**大槌町で被災した赤武酒造株式会社**

大槌町で被災して全てをなくしたが、盛岡市に場所を移して復興に向かって取り組んでいる赤武《あかぶ》酒造も出店していた。試飲や販売をしているテントの前のテーブルで、赤武酒造代表の古舘秀峰《ふるだてひでみね》さん（47歳）から話を聞いた。

「大槌にある豊富な水は、灘《なだ》の硬水とは違う軟水で、柔らかいお酒を作るのに適していますので、明治二十九（一八九六）年創業のわが社では、ずっと大槌の水を使って仕込んできました。近くの釜石と遠野にも酒蔵はあって、かつては協力していた時期もありますが、今はなくなって大槌町ではわが社だけになり、純米酒の製造を四割から六割に増やし、また紙パックの『CO・OP 虹の宴』も作っていました」

醸造用アルコールを添加せず、米を活かした純米酒の構成比を六割まで高めた姿勢に、赤武酒造のこだわりをうかがうことができる。

『清酒　浜娘《はまむすめ》』は、大槌町の地元社員と私の家族で心を込めて醸《かも》していたお酒で、昼は社員が仕込み、夜は妻と二人の娘に手伝ってもらいました。二〇一一年の三月一一日には、酒蔵や住まいや見慣れた大槌町の町並み、そして家族の笑顔の全てを失ったものです。

これからどうするか悩んで廃業も考え、職安にも行きました。タンカーに乗ることや建築士になることも考えましたが、収入を得るためには数年かかるので諦めました。失望や恐怖や不安で眠れない夜が続きましたが、そんな私に勇気をくれたのが仲間やお客さまでした」

そうした一人が、いわて生協理事長の飯塚さんであった。

「食べ物はありますか？」

そう言ってすぐに古舘さんの家族を見舞ってくれた。さらには「酒造を止めるのも大変。同じ大変で再開するのであれば、生協として全面的に応援しますから」と励ましてくれた。また夫婦で息抜きをするようにと、劇の鑑賞券を飯塚さんからプレゼントしてもらい、奥さんと楽しむことのできたことも古舘さんは深く感謝していた。

五月の連休明けには再出発を決意したが、全てを破壊された大槌町ではどうしても無理であった。ベンチャー企業向けの工場を盛岡市から無償で貸与してもらい、再出発することにした。中古の機器を各地から取り寄せ、八月三日には免許を取り、まずは果実味あふれるお酒をコンセプトにし、調合して商品化できるリカースイーツ類を手がけ、二〇一一年八月一〇日には発売した。どれも五〇〇ミリリットルの細い円柱の洒落《しゃれ》たビンに入っているので、女性でも手にしやすい。

濃い紫色の「いわて山ぶどう」は、岩手県産の山ぶどうを一〇〇パーセント使用し、甘さと心地良い酸味のバランスが絶妙なお酒に仕上げ、山ぶどうの香りと爽《さわ》やかな口あたりに特徴がある。他には復興を願って遠野の完熟りんごだけを使い、大槌《おおつち》町と遠野市の絆を象徴する商品もあれば、三陸北部の牧場で育った牛の生乳《せいにゅう》を使用した濃厚なヨーグルトリキュールや、濃いオレンジ色のみかんのリキュールもある。口に少し含むと、甘い果汁の香りがサーッと広がった。

古舘さんの苦労話は続いた。

「次はぜひ日本酒作りを再開したいと、いくつかの酒蔵を訪ねましたが、どこも貸してくれません。五社目に出合ったのが桜顔《さくらがお》酒造さんで、親身に相談に乗ってくれました。ただ、向こうもお酒を作っているので、工場の全部を貸してもらうことはできません。お米を蒸してからタンクで仕込むまでの一工程だけを貸してもらい、私たち社員四人で仕事をしてわが社のお酒を作ることにしました。

こうして二〇一一年一一月末にお酒を搾ることができ、念願の『純米酒　浜娘』を再びお客さまに味わってもらうことができるようになったのです」

台車がなくて困っていると、いわて生協から二〇台も届いて大助かりであった。また商品ができてからは、生協の店舗や共同購入（宅配）で販売してくれたので、復興へのスピードも早くなった。

復活と赤い字の入った「純米酒　浜娘」のラベルには、『ガッツラうまい酒』復活しました」とある。私も一本購入し、夜にビジネスホテルで一人口にした。純米酒なので米の甘さを予想していたが、吟醸酒に近い上品な淡麗さに驚いた。ゆっくりと何杯も「浜娘」を味わった。

古舘さんは、二〇一一年の酒作りを再開したときから、震災前の大槌町に住んでいた一五、九九四人に合わせて、「純米酒　浜娘」を一升瓶で同じ数だけ出荷することを目標にしてきた。大槌で犠牲になった一、七一九人と、生き残って頑張っている全員に味わって欲しいとの願いを込めてであった。その悲願は、二〇一二年七月二三日に達成した。

津波が襲ってきたとき後ろには誰もいなく、かろうじて助かった古舘さんは、震災後を「おまけの人生」と話していた。一旦《いったん》なくした命と考えれば、どんな困難にも立ち向かう勇気が出て、怖いもの知らずである。いつかは大槌町に戻って美味《おい》しいお酒を造りたいという夢に向かって、これからも確実に進むことだろう。

## 再開した真崎わかめ

二年ぶりに再開した真崎わかめのコーナもあり、懐かしそうに購入していく人が何人もいた。特に二〇日の昼は、宮古コープ委員の二〇名ほどが、わかめご飯、わかめサラダ、わかめチヂミなどを作り、歩いている人に試食を薦めていた。ＣＯ・ＯＰ商品のホットケーキの粉に、水と刻んだわかめを入れて混ぜ、後はホットプレートで焼くだけで美味《おい》しく食べることができる。こうした新しい食べ方で商品の利用を拡大することは、生活者を組合員にして商品と利用を直結し、他の小売業にない生協だけの強さでもある。

また舞台では、真崎わかめ生産者の山本泰規《やまもとたいき》さんが、日焼けした顔で挨拶《あいさつ》した。

「震災が発生したのは、待ちに待ったわかめを収穫する前の日でした。ようやく育ったたくさんのわかめや養殖施設も、そして船も港も田老の町も、一瞬のうちに全てがなくなり、私は何も考えることができなくなったものです。最初の四〇日間は、地域の消防団員として捜索活動を続けました。

そうした中で田老町漁協では、復興に向けた話し合いがあり、『協同・団結して生き抜こう！　残った船は共同で使う。天然わかめの種苗《しゅびょう》を確保し、二〇一二年春には必ず真崎《まさき》わかめを復活させる！』と私たちは決めました」

方針を決めても、甚大な被害を目の前にし、本当に実現できるのか誰しも半信半疑だったのではないだろうか。そんな揺らぐ気持ちのとき、グイッと背中を後押してくれたのは、いわて生協をはじめとする全国の生協から届くメッセージや支援物資であった。

「生協からのお見舞いや手紙が届き、それを見ると頑張ろうと力がわいてきました。やるしかないという開き直った気持ちもあったし、一人でできるものでもないので、皆で良くなっていきたいと思いました。

皆で力を合わせてがれきを片付けて、海の中から絡み合ったロープや網などを引き上げ、塊になっているのをバラして、まだ使えるものを選《え》り分けました。昨年の七月には天然の真崎わかめから胞子を採って、これで養殖ができると安心しました。そして一一月には、小さく育った苗をロープに巻き付け、ギリギリのタイミングで本格的な養殖がスタートしました」

自然が相手のわかめの養殖では、時期が遅れると生育に支障が出る。わかめ養殖の仕事だけでも重労働なのに、がれきの撤去などをしつつであり、さぞかし苦労は多かったことだろう。

「一隻の舟を二人で使うため、自分の作業が思うように進まなかったり、使い慣れない舟で不便を感じたこともありました。それでもわかめはおかげさまで順調に育ち、今年の一月から二月には早採りわかめを出すことができ、食べると例年以上に美味《おい》しいと感じたものです。

二〇〇二年に、真崎わかめがいわて生協のアイコープ商品になったことで、食べてくれる人の顔が分かり、親しみを持つことができるようになりました。たくさんの方からいただいた美味《おい》しいの声が、私のやりがいや自信や誇りにもなっています。

天然の海草がまた育ち始めましたので、昆布やあわびやうにも、きっと以前のように育つと思います。でも震災で海が浅くなり、透明感もいくらか減ってしまいました。前のように真っ青で豊かな真崎の海に戻るまで、いったい何年かかるか誰もわかりません。全てがこれからです。これからも皆さんのご支援をよろしくお願いします」

大声を出すでもなく、とつとつと心を込めて山本さんが話し終えて頭を深く下げると、会場から大きな拍手がわいた。小柄な山本さんが、これまでになく大きく私には見えた。

## ステージのイベント

中央のステージでは、二日間というもの、ほぼいつもイベントが繰り広げられていた。郷土芸能では、滝沢村さんさ踊り、滝沢大沢田植え踊り、川前神楽、洋野《ひろの》町芸能駒踊《こまおど》り、椎木神楽、滝沢駒踊りが、それぞれの衣装に身をまとい、子どもから年配者が伸び伸びと演じていた。郷土芸能の宝庫と言われる東北ならではのことである。

地産池消フェスタ in 牧野林のフィナーレ。

中学生や高校生による演奏や合唱もあり、中には昨年と同じくわざわざ宮古から来た吹奏楽部のメンバーもいた。

小さな子ども向けには、「キャラクター着ぐるみと遊ぼう！　じゃんけん大会」や、「ピエロのナナちゃんとジャグリングのヨッシーくんの大道芸パフォーマンス」もあって、幼児たちの目を引きつけていた。

振り袖姿で登場した小田代直子さんのミニライブでは、ハリのある得意の声で民謡を数曲流し、最後に歌ったのが復興ソング「明日への虹…」であった。

薄いピンク地に花柄の振り袖で立った小田代さんの後ろには、十数名の子どもたちが立ち、また舞台の下の左右には、ＣＤを手にしたエプロン姿の生協の組合員たちが並び、「♪

ららら……」では高く上げた両手を左右に振って応援していた。透明感とパンチのある小田代さんの歌声は、澄み切った青空にも流れていった。

復興支援の募金にまわすため、生産者やメーカーなどから提供してもらった品物をチャリティ・オークションにかけ、一万四、〇〇〇円が集まった。

二日間のフィナーレは、ステージから子ども向けにまず菓子まきをし、大きな歓声があちこちで広がり、最後に大人向けの餅まきをしてフェスタを無事に終えた。

参加者からは、「生協のイベントは、来場者も多く自分たちも楽しい」、「この様なフェスタに参加できて嬉《うれ》しい」との感想があった。

地元で生産した商品を食べて、お互いに元気になろうと企画した「第三回復興支援いわて生協地産地消フェスタ in 牧野林」は、延べ二万人もの参加で成功裏に終わった。

テントの向こうには、谷間に雪を持った雄々しい岩手山《いわてさん》（二〇三八メートル）を、青空に大きくクッキリと望むことができた。（2012年6月1日）

第14章

# 重茂漁協の復興も支えて
## 【生活クラブ生協岩手】

### 三五万組合員の願いが復興の船に

「ダッダダッダッ」

何枚もの大漁旗をなびかせながら第二与奈丸《よな》（一九トン、全長二三メートル）は、岩手県の宮古港から波を切りつつ南下して重茂に向かった。二〇一二年五月一七日のことである。全国の生活クラブ事業連合生活協同組合連合会（以下、生活クラブ生協連合）に加盟する生協（以下、生活クラブ生協）の組合員三五万人による募金で、重茂漁協の復興を願って三隻の漁船を贈ることになり、その最初の一隻であった。船には生活クラブ生協岩手の組合員だけでなく、全国から祝うため集まった約六〇名が乗船していた。

重茂におけるセレモニーでは、漁協の伊藤隆一組合長が、「船がなければ海に出られません。この第二与奈丸が、きっと私たちの復興の力になります」と決意を込めて挨拶《あいさつ》した。また来賓として生活クラブ生協連合の加藤好一《かとうこういち》会長が、「重茂漁協との提携をさらに深めていきます」と力強く宣言した。セレモニーでは、恒例のくす玉割りや「わかめまき（餅

2年ぶりの重茂まつりに集まった人々。(写真提供・生活クラブ生協岩手)

まき)」もあり、集まった人々は久しぶりに笑顔を取り戻すことができた。

復興の最中にある大船渡のドックで完成した第二与奈《よな》丸は、秋から操業を始め、残りの二隻は二〇一二年一一月と二〇一三年三月に完成の予定である。震災前に二〇隻あった定置網の漁船は全てが流失し、どうにか海や陸から回収した第一与奈丸を含めた一〇隻を修理し、ようやく定置網漁を再開していた。ここに生活クラブ生協から寄贈する新たな三隻の船が加わり、重茂の復興をさらに進める予定である。

**生活クラブ生協岩手は**

設立二五周年を迎えた生活クラブ生協岩手は、盛岡から一関を中心とした東北線の沿線における共同購入を展開し、二〇一二年三月末で組合員二、二七三名となり、震災があったが前期より三一名増加し、二〇一一年度の供給高は五億四、九〇〇万円となっている。

扱っている消費材（商品）には独自の基準を持ち、たとえば、岩手では一九九六年から、ＪＡいわて南（旧ＪＡ一関）と共同出資して大豆工房を設立し、休耕田を使って育てた大豆を使った豆腐を製造して利用している。この豆腐は、消泡剤を入れずに沖縄の海水から作った苦汁《にがり》を使用し、多くの組合員に好評で、宮城県石巻で多大な被害を受けつつも復旧へ歩み始めている髙橋徳治商店の、震災後の最初の商品である〝おとうふ揚げ〟にも使用されている。

震災直後の取り組みについて、生活クラブ生協岩手の理事長である熊谷由紀子さん（56歳）から話を聞いた。

「震災のあった三月一一日が金曜日で、岩手に消費材（商品）を出すセットセンターが埼玉県の飯能《はんのう》にあるので、東北道が使えなくて翌週からの配達ができないのでは、と私たちはとても心配していました。

そうすると飯能からのトラックは、一旦《いったん》日本海へ出て山形で積み替えをし、その後で岩手まで予定した品物を届けてくれました。これで震災発生の翌週から組合員に不便をかけることなく消費材を運ぶことができ、部分的な欠品はありましたが、暮らしに大きな影響を及ぼすことはありませんでした」

電気や電話がまだ通じておらず、不安な中で暮らしていた組合員は、まさか注文してあった品物が届くとは思ってなかった人も多く、大変に喜んでくれた。

**重茂漁協の被災と復興**

津波被害の大きかった場所の一つが、岩手県宮古市南部の太平洋岸で、本州最東端に位置する鮖《とど》ヶ崎を擁する重茂半島である。家屋は約五〇〇戸のうち八八戸が流出し、生産基盤の漁港が著しく損壊したばかりではなく、わかめの刈り取りなどに使うサッパ船（小型漁船）がほとんど流された。さらには岩手県山田町や釜石市のドックで、メンテナンス中だった定置網漁用の大型漁船も半数を失った。定置網漁が休漁期だったので網は無事だったが、収穫の最盛期を迎えていたわかめの養殖施設は壊滅し、港近くにあった冷凍施設なども津波にのみ込まれた。

ただし、海岸から離れた冷蔵施設は被災を免れ、ここに保管していたわかめと焼きうには大丈夫であった。三陸わかめが激減した中で、大手小売業のバイヤーはこのわかめを欲しがったが、重茂漁協はそれらを断り、「今回の津波災害で、いの一番に駆けつけたのが生活クラブ生協であり、そこからの支援物資があったから、地域の皆は困ることなく生活ができました。これは長年の提携によるものです。残っているわかめは、全て生活クラブ生協の組合員に食べていただきたい」と申し出てくれた。これを受けて全国の生活クラブ生協は、復興支援企画として焼きうには二七週目から、わかめは五〇円の支援金付きで二九週目から取り組んだ。

そうした重茂漁協への支援についても、熊谷さんから話してもらった。

「震災直後の三月一八日に、組合員からの支援物資を重茂に届けました。電気も電話も回復していない中で、重茂漁協は復旧に向け動き始めていました。そのあと直《す》ぐに重茂漁協は、住民を重茂にとどめるため、全組合員の雇用を決断しました。漁協の組合員全員を臨時雇用し、最低金額で生活費を支えるためでした。

三陸の被災地では、港や生産施設が復旧するまで、出稼ぎの話が当たり前になっていました。その中で重茂だけは、住民総がかりで地域を守り、みんなが助け合わないと苦難は乗り切れないので、損得が片寄らないよう平等に持っている資産で食いつなごうと決めたのですから、これは凄《すご》いと思いましたね」

行政が具体的な支援策を示さない中で、三陸沿岸再建の青写真すら描くことができず、多くの漁民が海を離れようとしていた。しかし、重茂漁協は、漁業からの離脱者を出さないため、一日も早く漁を再開することを基本に、漁協が中古船などを購入し、それらを組合員が交代で利用し、収益を公平に分けることを決めた。被災から一カ月も経たない四月九日には、緊急組合員全員協議会を開き、伊藤組合長が復興案を説明した。小型漁船の共同利用や、修理可能な漁船と新たに購入する漁船を漁協の所有として、最終的に組合員全員が漁船を持つようにし、養殖施設の共同利用や、組合員には一切借金をさせないなどであった。集まった約四〇〇人の組合員は、大きな拍手で賛同した。

養殖わかめは、六~八月にかけて天然わかめのメカブを採苗し、養殖用のロープにわかめの芽が出たものを取り付け、一一月頃に海に入れて成長させ、三月には毎年収穫する。重茂では二〇一〇年一一月に海へ入れたものが、海水の温度が例年より高くてうまく育たなかった。再度わかめの芽を調達し作業を終えたところに、年末年始にかけての超大型の低気圧が襲い、重茂では三分の二の養殖施設が被害に遭い、わかめの収穫も例年の半分の二、〇〇〇トンしかできなくなった。

「五〇年に一度の大シケ」

「未《いま》だ経験したことのない七メートルもの高波」

重茂の人たちは、これが自然と現実を受け入れ、あきらめることなく復旧に取り組んだが、その二カ月後に大津波で全てをなくした。

ちなみに二〇一一年六月には、中古船や修復した小型の漁船は約一五〇隻となり、生産活動の第一歩として、津波にも負けなかった天然わかめ漁から出発した。

二〇一二年の一月には、重茂の一年のスタートである間引きしたわかめの「春いちばん」の出荷式があった。漁協関係者や幼稚園の子どもたちも参加し、テープカット・くす玉割りや餅まき（わかめまき）でお祝いした後に、生活クラブ生協と重茂漁協のトラックに「春いちばん」を積み込んだ。式の後で収穫したばかりの「春いちばん」のしゃぶしゃぶ試食があり、ふんわり広がる磯の香りとシャキシャキした歯ごたえに、子どもたちも大喜びであった。

三月からは二年ぶりのわかめの収穫が始まり、漁協組合員は二人一組でサッパ船とボイル用の釜を使い作業をした。浜で冷却させ、その後自宅で塩蔵の作業をするが、塩蔵まで出来ない組合員は、収穫後そのままかボイルした後で、完成したばかりの漁協の加工場に持ち込む人もいた。

これから養殖こんぶ、天然わかめ、夏のウニ漁と続き、八月五日には住民が待ち望んでいた震災後はじめての「重茂味まつり」があった。生活クラブ生協からは、山梨の太鼓グループらん・Ｌａ・乱や、生活クラブ生協岩手以外の生協の組合員や職員も含め約八〇名が参加し、前夜祭での重茂漁協職員との交流や、当日は今回から漁協の企画の手伝いをさせてもらった。また漁協女性部の恒例の重茂の定食やそばと一緒に、肉厚わかめを刻んで混ぜたわかめご飯に、平牧《ひらぼく》ウインナーやはりまのムネ肉使用のチキンナゲットとスクリューマカロニサラダなど、盛りだくさんの消費材を使った生活クラブランチもあって好評だった。

震災直後の生活クラブ生協の支援活動が一過性のものでなく、多数の組合員や職員が重茂へ入ったことにより、関係性がより深まっていた。

震災前に漁協の近くに掲げていた「協同の力で日本一の理想郷を築こう」の看板は、津波で流されてしまったが、漁協が生産に必要な機材や資材を確保し、それを漁協組合員が共同で使用し、利益は皆で分け合うことで共助の精神はしっかりと生きていた。

**脱原発の取り組み**

各地の生活クラブ生協は、以前から原発には生協の中でも厳しい目を向けてきた。東京電力福島第一原発の事故からは一段とその動きを強め、それは生活クラブ生協岩手においても同じである。二〇一一年一二月の要望書に引き続き、三月に岩手県議会へ、「岩手県民の命と暮らしを守るための請願」を提出した。その請願事項は以下の三点である。

1　原子力発電から代替エネルギー利用発電へ移行する政策を推進するよう、国に求めること。

2　代替エネルギーへ移行する暫定期間、県は青森県並びに宮城県の原子力事業者と安全協定を締結すること。
3　県は原子力施設の過酷事故災害を想定した防災計画を策定すること。
三月一六日の環境福祉委員会と三月二一日の本会議では継続審査となったが、八月一日の環境福祉委員会・総務委員会で採択となり、九月の県議会本会議で採択されることになった。

脱原発の一、〇〇〇万筆《ぴつ》署名に邁進《まいしん》するため、重茂《おもえ》漁協は署名活動を独自に展開し、一万七、〇〇〇筆《ぴつ》弱の署名を集めた。重茂の住民は一、六〇〇人ほどなので、実にその一〇倍の署名である。海に生きる人たちの切なる願いとして、放射能で海を絶対に汚したくないので、重茂漁協の名前で黄色の横断幕と幟《のぼり》を作り、宮古市だけでなく盛岡市にも出かけ、生活クラブ岩手の組合員と繁華街で街頭署名を集めた。色とりどりの大漁旗も林立させ、盛岡市民へアピールした。

青森県六ケ所《ろっかしょ》村における放射能再処理工場からの垂れ流し問題から始まり、素直に海を汚したくない漁民の気持が、この署名に表れていた。（2012年8月20日）

# 第15章 協同の力で家計をサポートし［消費者信用生協］

## 被災後の暮らし

震災は、被災した人々の家計にも大きなダメージを与えている。岩手県に本部のある消費者信用生活協同組合（信用生協）へ、寄せられた相談と対応の事例から厳しい現実の一端を知ることができる。

【事例一】

四〇代の男性で、漁業を営み年収は三〇〇万円である。父母と妻子はいるが、内陸で避難所生活をし、本人は仕事の関係で地元の避難所で一人暮らしている。

相談内容は、津波で家と車二台だけでなく、漁業施設を全て失い無収入になったためローンを組めないが、車を購入したいことであった。

話し合った結果、「被災者支援つなぎ資金」で、信用生協から九四万円を貸し付けし車を購入した。その後八月上旬に義援金が支給され、貸し付けは一括繰上償還となった。

後日、避難所から仮設住宅へ移って家族と共に生活している（相談日・二〇一一年四月）。

【事例二】

四〇代の女性で、無職のため収入はない。同居の父母は、津波で行方不明になっている。相談は以下である。津波で家を流され、親の介護のために仕事をやめて無収入になっている。現在は避難所で暮らしているが、車の免許を持っていないので、婚約者に運転してもらって両親を探したい。そのため車を購入したく、いずれ支援金が出るからそれまで車購入資金を貸してほしい。婚約者も津波で職を失い、車のローンが組めない。

解決のため「被災者支援つなぎ資金」五七万円を、信用生協から貸し付けし車を購入した。八月上旬に支援金が交付され、貸し付けは一括繰上償還となった。後日に両親は亡くなって発見された（相談日・二〇一一年五月）。

【事例三】

四〇代の男性で会社勤めをし、年収は二四〇万円である。四〇代の妻と二人の子どもと避難所生活をしている。

相談は以下である。津波で家が流されて母が亡くなり、隣町に中古住宅を購入することにした。支援金や義援金や弔慰金などを自己資金として、住宅金融支援機構に七〇〇〇万円申し込んだ。審査は通ったが、お金が下りるまで二カ月かかる。ところが契約の支払期限は一五日後に迫っており、それまでに全額用意しなければ違約金一五〇〇万円を払わなければばならない。住宅金融支援機構から下りるまでの「被災者支援つなぎ資金」として、六七〇万円を借して欲しい。

話し合って、不動産活用ローン六七〇万円を信用生協から貸し付けし、売主へ支払って無事に転居することができた。一〇月下旬に住宅金融支援機構から資金が交付となり、貸し付けは一括繰上償還となった（相談日・二〇一一年七月）。

**【事例四】**

四〇代の女性で、年収は一八〇万円である。家族は、漁業をしている夫と長男、それに夫の母と夫の弟である。

相談は次のような内容である。津波で家が大規模半壊となった。今春に長男が、高校を卒業して隣の市の企業に就職が決まった。通勤するのに車が必要だが、夫は債務整理をしていてローンが通らないので、義援金で車を購入した。夫は六月から仕事につくので、それまでの生活費を借りたい。

話し合って、生活再建資金六〇万円を信用生協から貸し付けし、当面の生活費とした。延滞は無く返済中である（相談日・二〇一二年三月）。

震災で家計が逼迫《ひっぱく》しても、公共機関や金融機関が支援してくれないときに、信用生協からの融資で助かっている。

**「これからもっと大変に」**

「震災から一年と数カ月が過ぎ、仮設住宅に入居された被災者の方は、今後の住まいをどうするか、仕事をどうするか、子どもの教育をどうするか、今後の生活設計を本格的に考える段階を迎えています。特に仕事がない場合や、失業保険が切れた後の生活費をどうするかなど、これからもっと大変になる人が多くなると思います。また、高齢の被災者の場合は、銀行などの金融機関からの借り入れは困難となる場合が多く、普段の暮らしで困る方の増えていくことが心配です」

信用生協専務理事の上田正さん（58歳）が、盛岡市内にある事務所で語ってくれた。もらった資料には、信用生協でお世話になった方からの、以下のような礼状もあった。

「お世話になっております。最後のよりどころとして、恥をしのんで相談に行きました。担当していただいた方は、大変わかりやすく説明してくれて、また、親切に相談にのっていただき、その夜は安心して眠ることができました。今後も健康に気をつけて働き、返済に努めていきますので宜《よろ》しくお願い致します。楽になりました……。本当にありがとうございました」

今回の震災では、公的給付等を受ける方で給付までのつなぎ資金が必要なときは、被災者支援つなぎ資金の貸付制度がある。岩手県と青森県内に居住か勤務している二〇歳以上で、災害弔慰金など公的給付を受ける方を対象にし、給付までのつなぎ資金として年利三パーセントで一〇〇万円以内を貸し付けている。

こうした信用生協の震災対応の全体像について、上田さんは次のように触れている。

「これまで信用生協では、被災者・組合員の皆さまへの生活再建に向けての各種制度の情報提供や、社会福祉協議会等の公的貸付制度で対応できない場合の生活資金の資金需要に対応してきました。また岩手県の委託を受け、被災遺児・孤児養育者支援事業に取り組み、専門家によるチームを結成し、巡回相談や電話相談事業を行いました。その他にも、自殺予防に取り組んでいる秋田県のＮＰＯ法人『くもの糸』と共に、中小自営業者の心理的ケアを含めた相談会を、毎月釜石市で定期開催しています。

被災地では仮設住宅の入居も完了し、これから本格的な生活再建に向けて取り組みが始まります。住宅の二重ローン問題の解決も大きな課題となることから、私的整理ガイドラインを踏まえた債務整理に関する相談体制を強化します。また雇用・失業に関する相談も増加し、提携しているＮＰＯ法人による『これからのくらし仕事支援室』（パーソナル・サポート）への、人員派遣を含め体制と連携の強化や支援をしていきます」（日本生協連『つながろうＣＯ・ＯＰアクション情報』二〇一一年一二月号）

生協の中でもあまり知られていない信用生協が、被災地においてその専門性を活かし、多面的な支援を展開している。

## 信用生協とは

相互扶助の理念に基づき信用生協は、高利貸しに対置する貸付事業を通して生活の向上を目的とし、一九六九年に岩手県知事より設立認可された。そのときの設立趣意書では、以下のように強調している。

「労働組合に組織されない労働者や中小商店等の勤労者にとって、市中の銀行・金庫は縁遠い存在であり、いきおい小口高利金融業者に依存せざるを得ないのが現状です。こうした状態をただ眺めているわけにいきません。

私たちは自分たちの生活を、自分たちで守っていく必要があります。消費生活協同組合法は、このような弱い立場にある者の自衛の組織として、生活協同組合を設立し、購買、共済、施設、金融などの互助事業を法認し奨励しています。みなさん。今こそ弱い力を結集して協同の力を確立し、生活協同組合を設立しようではありませんか」

一九八九年には多重債務問題の解決をめざし、弁護士会や自治体などと連携して消費者救済資金貸付制度を創設し、二〇一〇年には県域を超えて青森県八戸市に八戸相談センターを開設した。現在は、岩手県内に盛岡市・北上市・釜石市・一関市の四カ所と、青森県内に青森市・八戸市の二カ所に相談センターを設け、二四名の相談員で年間約四、〇〇〇件の相談と、毎週に弁護士と司法書士の無料法律相談や、二一市町村との連携で地域相談会を実施している。

貸付事業では、一万八、〇〇〇人の組合員による出資金九億円と、全市町村の一一億円の預託による銀行借入金を使い、債務整理や生活資金の貸付を行っている。自治体やNPO法人いわて生活者サポートセンターと連携し、生活困窮者や多重債務者等への生活再建支援や自殺防止対策に取り組んできた。二〇一一年八月からは、青森県および岩手県内六八市町村と提携し、相談と貸付事業を開始した。

ところで貸付はあくまで手段であり、目的は生活の改善や向上であることから、貸付は家計の改善が見込まれる場合にのみ実行し、個人への貸付ではなく家計への貸付を原則としている。

こうして互助の精神を大切にし、全国で唯一の貸付事業を行う生協として、生活の中でのわずかな悩みや疑問にも対応し、組合員の安心した暮らしを支援するため活動している。

## 信用生協の事業は

二〇一二年三月に貸金業者数は全国で二、三五〇社となり、貸金業法改正前である二〇

八戸相談センターの開所式。（写真提供・消費者信用生活協同組合）

○五年三月の一八、○○五社に比べると一三パーセントにまで減少した。そうした変化の中で信用生協は、以下の三点を呼び掛けた。

・簡単に借入ができる時代は終わりました。借入に依存しない家計づくりに努めましょう。
・お金に困ったら、まずは相談しましょう。
・ヤミ金は危険です。どうしても借入が必要な場合は、セーフティネット貸付を利用しましょう。

家計の改善や暮らしの困難の解決には、家計収支の分析と対策や、そのために配偶者を含めた家族全員の協力が不可欠である。信用生協の相談員は、生活再建のために家族や親族の話し合いと、再建に向けての協力体制づくりを支援している。

そうした信用生協の貸付事業は以下である。

**（1）消費者救済資金貸付制度**

自治体・弁護士・司法書士・地元金融機関との連携による、多重債務問題の解決を目的とする相談と債務整理資金の貸付制度で、金利九・二五パーセントで限度額は五〇〇万円である。

**（2）生活再建資金貸付制度**

事業資金は除き、家計の改善や生活向上に役立つ生活資金を貸付する制度で、債務整理したことで銀行から借入できない場合にも利用でき、金利八・九八パーセントで限度額は一〇〇万円である。

**（3）貸付の条件**

①組合員及び同居家族の家計収支から返済が無理なく可能かどうか（家計診断が前提）
②家計収支の改善のための家族等の話し合いと支援（連帯保証人・家計管理人の引き受けや自己資金の提供等）

今日の困難な暮らしの解決には、行政だけや民間だけの力では、成果を十分にあげることができず、地域の関係機関や団体の連携と協力が必要となるケースがある。

そこで信用生協では、セーフティネット貸付と関係機関との連携、暮らしとお金の安心相談会の開催、青森県との連携で区域拡大、行政との連携と地域相談会、地域のＮＰＯ法人等との連携や被災者支援に取り組んできた。

## NPO法人　いわて生活者サポートセンター

信用生協が母体となって設立し、信用生協だけで対応できない①心の悩み相談、②家庭の悩み相談、③暮らしの再建・自立支援の三つをしている。

心の悩み相談では、カウンセリングルーム「語り合い空間一二〇」を設置し、ギャンブル依存の悩みや働く世代の悩みに対応している。

家庭の悩み相談では、離婚・親権・教育費などの問題、家庭内のさまざまな問題、借金など生活経済に関する問題、財産管理・相続問題などに応じている。

暮らしの再建・自立支援では、就労支援を目的とした「これからのくらし仕事支援室」の運営に取り組んでいる。

## 地域の連携で被災者支援

被災地では、仕事、住まい、子どもの教育、負債や二重ローン問題など、生活再建に向けての現実的な解決が迫られている。これらの被災者の生活再建に、信用生協は具体的な解決まで、長期かつ継続的に支援できる相談体制を、自治体や被災者支援NPOとのネットワークをつくりながら、以下のように進めてきた。

（1）二〇一二年五月から、県内の消費者団体・弁護士会などで構成する「消費者行政推進ネットワークいわて」の事務局団体として、沿岸各市で毎月「くらしの何でも相談会」を開催し、生活再建に関わる多様な相談と、再建までの寄り添った支援体制をつくりあげる。特に炊き出しや「ふれあいサロン」と同時に相談会を開催し、紙芝居での私的整理ガイドラインの説明など、気軽に何でも専門家に相談できる説明会とし、早期の生活再建支援を行う。

（2）フリーダイヤルの被災者生活再建支援電話相談を二〇一二年五月から開設し、相談内容に応じて関係機関・団体の紹介・誘導や、必要に応じて専門家による面談相談につなげる。

（3）信用生協と被災者支援に取り組むNPOで結成した「生活再建支援機構いわて」として、寄り添い型の生活再建相談事業を、釜石市との連携で二〇一二年七月より「明日からのくらし支援室」の名称で開始する。

（4）貸付のセーフティネットとして、社会福祉協議会の生活復興支援資金に該当しない資金需要者への対応を強化する。「被災者支援つなぎ資金」や生活再建資金の活用を図る。

**地域社会に貢献する公益へ**

これからの信用生協の相談と貸付事業について、上田さんの願いを語ってもらった。

「第一に、相談内容は多重債務問題から生活困窮問題にシフトしつつありますが、暮らしの困難は生協だけで解決できないことから、自治体はじめ地域の行政機関や団体とのネットワークづくりと連携強化を急ぐことです。

第二に、単身世帯や高齢者が増加しており、孤立した生活者に対して親身な暮らしの相談ができる窓口や、相談内容に応じて専門家につなげる役割を果たし、相談後もフォローできる体制づくりをめざすことです。

そして第三には、社会的弱者の金融的排除の解消に貢献する、ソーシャルファイナンスを生協の制度で実現することです。日本古来の助け合いの制度としての頼母子《たのもし》講《こう》や無尽《むじん》の現代版として、くらしの相談と一体となった貸付事業を通し、地域の協同とネットワークの力で、組合員と地域社会全体の生活の改善と向上に貢献したいですね。

組合員の共益を図る取り組みが、地域社会に貢献する公益につながる活動として、もっと強化していきたいものですね。」

格差社会が拡大する中で、生協の新しい役割を発揮する信用生協がさらに広がりつつある。（２０１２年８月27日）

# 第16章 自分の手で仕事おこし【ワーカーズコープ】

**がんぱっぺしい大船渡**

「生き残った自分が、先に亡くなった人の思いを受け止め、何ができるのかを考えて欲しい。明日からの一〇年は、今日の一日から始まります。東北には、海があり山があり農もある。エネルギーは、市民の手でつくればいいのです。私たちワーカーズコープは、FEC（フェック）でフード（食）とエネルギーとケア（介護）を自給する地域づくりを方針に掲げていますが、東北にはそれがあるのです。生活と地域が必要とする仕事をつくりながら、被災した東北で新しい日本を一緒につくろうではありませんか」

二〇一一年一一月末のことであった。日本労働者協同組合（ワーカーズコープ）連合会（労協連）の永戸《ながと》祐三《ゆうぞう》理事長の講演の後で、三陸福耕《ふっこう》・仕事おこしコーディネーター養成事業の開校式が、大船渡の公民館で開催となった。

会場の正面の壁には、「ワーカーズコープ大船渡事業開講式　一人一人の輪が宝物　みんな仲間！　力を合わせてふるさとを笑顔で、勇気　元気　やる気を持って前進させよう

私達から　がんぱっぺしい大船渡　んだ」と大きく書いた紙を掲げていた。なお「んだ」とは、大船渡の方言で「そうだ」の意味である。

「震災前に夫が亡くなり、津波で家を失い、子ども二人と仮設住宅に入り、今はアパートで暮らしています。本当にやりがいのある仕事をしたいです」（三〇代　女性）

「講演の中に『せっかくもらった命』という話がありました。私も一時間逃げ遅れていたら、命がありませんでした。もらったこの命を大切にし、ぜひ水産の仕事をしたいものです」（六〇代　女性）

「仮設住宅で、子どもと三人で暮らしています。ワーカーズコープと出合うことができたので、ヘルパーの資格を取るため頑張りたいです」（二〇代　女性）

「会社の人間関係で体調を壊しました。ワーカーズコープと出合い、人を支えたり支えられたりする働き方をしたいと思っています」（三〇代　女性）

「仕事おこしに興味があります」（四〇代　男性）

「非正規雇用で仕事をしていましたが、自分たちで仕事をつくりたいものです」（三〇代　男性）

「旅行業の資格を活用して、介護付きの旅行をしたり、仮設住宅に暮らす足の弱い人たちの旅行相談などをし、地域のネットワークを活かすことのできる仕事がしたいです」（五

○代　男性）

「家を津波で失い、仮設住宅で暮らしています。ぜひ仕事おこしをしたいものです」（三○代　男性）

「自営業だった家が半壊し、仮設住宅で生活しています。がれき処理のアルバイトもしましたが、ワーカーズコープを知り、人のために何かをやりたいと受講しました」（五○代　男性）

「妄想するのが得意なので、それを活かした仕事をつくりたいものです」（四○代　男性）

「介護の現場にいました。津波で両親と家を失い、今は仮設住宅で生活しています。再び介護や、親を失った子どもの支援をぜひしたいです」（四○代　男性）

一○名の受講生が、それぞれの自己紹介や夢を語っていた。

会場には、大船渡におけるワーカーズコープに協力している林農海《りんのうかい》支援事業まほろば企業組合の上野孝雄理事長が出席し、熱い声援を受講生にかけてくれた。

「地域で仕事をつくるのは、素晴らしい試みです。三陸の沿岸に、林援隊や農援隊や海援隊をたくさんつくり、そこで一万人ぐらいの就労を考えています。まだ構想の段階ですが、ぜひ一緒に仕事おこしをしていきましょう」

林農海支援事業まほろば企業組合の主な事業は、造林や育林と農産物の栽培や販売などで、二〇一一年一〇月に設立し事業所は陸前高田市にある。他にワーカーズコープの取り組みに共感し、講座の実施に協力した団体は、ＮＰＯ法人夢ネット大船渡《おおふなと》、ＮＰＯ土佐の森、陸前高田青年会議所、地域活動支援センター星雲、ＮＰＯもやい、陸前たかだ八起プロジェクトなどで、さらには行政や『東海新報』や『岩手新報』の人たちも手助けしてくれた。

二〇一二年四月にワーカーズコープは、「がんばっぺしい大船渡　んだ」のスローガンで大船渡事業所を開設し、現在五人の仲間が決意を固め、直売所と豆腐工房と食品加工の開設に取り組んでいる。

## みんなでやっぺし

「東京に暮らしていましたが、震災を機に二〇一一年六月より、大槌《おおつち》でのボランティア活動に数回参加しました。偶然ハローワークでワーカーズコープの求人を見て応募し、七月より就労を開始しました。よそ者ならではの視点から、新しい町づくりを目指します」（四〇歳　女性）

「高校を中退後、正社員の職歴はありません。被災して現在は、大槌町の仮設住宅に暮らしています。大槌を誰もが行きたい町にしたいものです」（三四歳　男性）

「釜石市《かまいし》に在住です。そもそもの動機は、ヘルパー資格の取得でした。人が元気になれて、都会にはない良い所に大槌をしたいです」（五五歳　女性）

「大船渡市出身で、結婚後は大槌町に住んでいます。給食関連の会社を退職して、ここに応募しました。この事業に参加して、いろいろな人と話せます。大槌を何とかしたいものです」（三九歳　女性）

「釜石市に在住し、ワーカーズコープの求職者支援訓練を修了しました。震災により自宅が流され、現在は釜石市内の仮設住宅で暮らしています。職業訓練の受講中より、コミュニティカフェをやりたいと考えています」（二九歳　男性）

「私も釜石市に住んで、ワーカーズコープの求職者支援訓練を終了しました。大槌は、宮城県から宮古市方面に移動する人にとっては、素通りされてしまう町です。この町を目的にして、人が訪れる街にしたいものです」（四一歳　女性）

「釜石市に住み、ワーカーズコープの求職者支援訓練を終了しました。人のつながりが希薄になっているので、お金をかけずに地域全体が家族のような関係づくりができ、大槌全体が公園のようになるものをつくりたいです」（四五歳　女性）

「九州の出身で、釜石市に住んでいます。ワーカーズコープの求職者支援訓練を修了し、自然と触れ合う仕事に興味があったので応募しました」（四〇歳　男性）

「釜石市に住んで、昨年よりNPO吉里吉里国《きりきりこく》において林業作業に従事しています」（一九歳　男性）

受講生のそれぞれが、自己紹介とこれからの抱負について語った。二〇一二年六月のことである。ワーカーズコープの担当者や、協力している地域の団体の代表などが出席し、大槌《おおつち》地域福祉事業所開所・開講式があった。会場の正面には、「みんなでやっぺし!!」と大きく横書きした紙を掲げていた。

大槌町において、地域の復興の力になる第一次と、生産・加工・販売や物流を統一した第六次産業を中心にした仕事を起こそうと、大槌自伐《じばつ》林業家人材育成事業と三陸ＦＥＣ仕事創造プロジェクト事業を、ワーカーズコープがスタートさせた。この事業は、大槌町から受託した起業型人材育成講座で、受講生はワーカーズコープの組合員となり、一年間の講座と現場実習を経て、地域の資源を活かした仕事を生み出していく。なお自伐《じばつ》林業では、山林所有者が自ら植林して樹木を育て、伐採や搬出もする。式ではまず労協連東北復興本部長の田中羊子さん（40歳）が、「本当の豊かさにつながる仕事おこしを、地域のネットワークを活かしながら進めていきたい」と開会の挨拶《あいさつ》をした。次に自伐林業家育成の実習を担う吉里吉里国の芳賀《はが》正彦《まさひこ》理事長が、「津波の前よりも豊かな三陸の海を取り戻すために、里山人工林での間伐整備を行っています。継続して豊かな暮らしを続けられるように

大槌自伐林業家人材育成事業と三陸FEC仕事創造プロジェクト事業の開講式が、大槌地域福祉事業所開所式とともに行われた。（写真提供・日本労働者協同組合連合会）

したい」と話した。

大槌町の碇川豊《いかりがわゆたか》町長からのメッセージの代読があり、「二つの事業は、復興を成し遂げて、それから先も町の財産となる仕事を、被災者自らが生み出すもの」とあった。また大槌の町づくりに取り組んでいる遠野まごころネット、おらが大槌夢広場、ぐるっとおおつちのそれぞれから激励の言葉があった。

ワーカーズコープ大槌地域福祉事業所の川名俊博所長（41歳）が、「講座ですが仕事でもあります。地域の新しい仕事を創るために、いろいろな人や団体を知ることと、発信することを積極的にしていきましょう」と檄《げき》を飛ばした。

また田中羊子本部長は、特別講演「自然と共に生きること、人の絆を大切にする地域の復興、仕事おこしを自らの手で」において、ワーカーズコープの歴史や、現場での協同労働が人を成長させる経験を話した。

ところでワーカーズコープは、事業を成功させ復興への取り組みを強めるため、他の団体と積極的に連携しており、そのいくつかを以下で触れる。

### （1）葉の一枚まで活かす林業に――NPO法人 吉里吉里国

吉里吉里国は、震災で倒壊した家屋の廃材を集め、復活の薪《まき》として全国に販売した。また人工林の間伐もおこない、木工品の製作などの有効活用を考え、二〇一一年一二月にNPO法人として新たな活動を始めた。

吉里吉里国の芳賀理事長は、以前にワーカーズコープのスタッフが訪ねて山や間伐材の集積場などを見学した後に、事務所で次のように話した。

「津波が人を飲み込み引いていく瞬間、私は助ける側に立って生きることを決めました。誘致企業は逃げますが、山や川や海は決して逃げることはありません。自然がきちんとしていたら、子や孫の本当の将来を拓《ひら》くことができます。

根っこから小枝や葉っぱの一枚まで活かすなら、林業は生業として十分成り立ちます。額に汗して自然と向き合い、働く誇りを友だちに伝えていきたい」

ワーカーズコープが吉里吉里国と連携しているのは、チェーンソー講習、刈り払い機講習、伐木、集材などの林業技術の研修である。

なお吉里吉里国の目的は、津波災害復興に向けて新たな雇用の創出と、経済復興に関わる地域主体の取り組みをし、地元住民と一体となって地域を再生することにあり、①復活の森プロジェクト、②自伐《じばつ》林業の普及、③薪《まき》文化の復活・継承、④森林教室の開催に取り組んでいる。

### （2）幸せの黄色い菜の花で——菜の花プロジェクト

震災犠牲者の供養とこれからの希望のためにと、大槌町の金山文造さんが一人で始めたプロジェクトで、大槌川河川敷のがれきを撤去した後に菜の花の種をまき、河川敷一面を幸せの黄色い花で埋め尽くす。全国からこれまで八、〇〇〇人以上のボランティアが参加し、さまざまな人たちの協同の場になっている。ワーカーズコープも協力し、二〇一二年七月上旬の二日間は、金山さん夫妻といわて生協の四〇名なども一緒に、河川敷のゴミ拾いや草刈り作業をした。

### （3）復興を担う人づくり——NPOカタリバ

震災後に、避難所や仮設住宅で暮らし集中して勉強のできない中高生のために、放課後の学校であるコラボ・スクールを、岩手県大槌町と宮城県女川町でスタートさせた。大槌町では二〇一一年一二月より、中学三年生の八五人が勉強に励み、二〇一二年度は中学二年生から三年生の一三九名と、高校一年生から三年生の五二名が通っている。運営は寄付でまかない、震災の経験をバネにし、復興を担う人の成長をサポートしている。

### （4）仕事を自らつくる――一般社団法人 おらが大槌夢広場

被災した大槌町の有志が、「仕事を自らつくりだそう」と、二〇一一年一一月におらが大槌夢広場を設立した。ここでの事業は、①大槌復興ツーリズム、②ご当地グルメの開発、③大槌総合案内、④おらが大槌復興食堂の運営、⑤「大槌　命と水の復興館」の実現、⑥ひょっこりひょうたん島プロジェクトと、多面的に取り組んでいる。

### （5）豊かで安心した町づくり――ＮＰＯまちづくり・ぐるっとおおつち

地域主導の住み良い環境や情報化社会の実現を目指し、震災後の活動は被災者の生活再建を支援するため、雇用と収入の促進や移動手段の確保による外出と、交流機会減少に対する心理的で社会的なサポートを図っている。

具体的には、お地蔵様の設置、地元産野菜の産直販売、地元産業の活性化への取り組み、町の情報の活性化・瓦版の発行、地元伝統食品の推進、町の緑化、大槌体験学習・エコツアーの促進などである。

### 労協センター事業団（ワーカーズコープ）とは

東京にある労協連は、全国的な協同労働の普及と発展や、各地の労協や高齢者協同組合の組織的な確立をめざし、加盟団体間の連帯と活動支援や公的セクターとの対応などを行っている。

その一翼を担うセンター事業団は、日本の労働者協同組合運動のけん引役を果たすため、一九八二年に労協連の直轄事業として出発した。労働者協同組合のモデルを創り出し、人材を育成して全国の活動を支え、他の労働者協同組合の事業や運動を支援する組織でもある。

こうしたセンター事業団の事業は、二〇一二年三月末現在で組合員五、一〇九人、就労者数六、七一三人、年間事業高は一六〇億円となっている。なお法人格の必要な仕事のときに、企業組合労協センター事業団と特定非営利活動法人ワーカーズコープを使い分けて対応している。

二〇一一年三月三〇日の労協連理事会は、「協同労働で『生活と地域』復興の仕事へ　がんばろう東北　たたかう東北」のタイトルで、東北の復興支援を明確にした六項目の行動提起を確認し、その後に仙台に復興本部を設置して活動を本格化し、今日に至っている。その流れに沿って岩手県でもワーカーズコープの実践が進み、その成果が大船渡や大槌における講座の開設に現れていた。

## 地域との連携を強め

ワーカーズコープは、大槌町を自分たちで復興させたいと願う住民やNPOを、横につなぐ取り組みも始めている。そこで二〇一二年六月に、第一回大槌復興市民会議元気興《おこ》しの会を開催し、NPO吉里吉里国、大槌中学校ブラスバンド部スポーツ少年団、おらが大槌夢広場、NPO銀座ミツバチプロジェクトなどから三四名が参加した。

「名もなき人の強い思いを集めれば、面白い町が必ずできる」、「津波でとても悲しい経験をしたが、ここから逃げたらおしまい」、「菜の花から燃料を作り、新しい雇用を創りたい」などの前向きな意見が出され、今までの生き方や価値観が震災で変わり、行動に移している人や団体が少なからずいることを共有できた。

二回目の会は七月末におこない、大槌菜の花プロジェクト、NPOではジャパンプラットホーム・日本の道・銀座ミツバチプロジェクト・カタリバ・ぐるっとおおつちが集まり、他にも埼玉労協クラブ、大槌中ブラスバンド部スポーツ少年団、臼澤《うすざわ》鹿子《しし》踊《おど》り伝承館、サンガ岩手、株式会社ジャパンクリエイトなどから三三名が参加し、活発な議論をした。

他に地域との連携を強めるためワーカーズコープでは、地域懇談会として自治会長との打ち合わせもし、地域調査の結果を伝えるとともに、ワーカーズコープの事業案を発表した。

それが「大槌まるごと手作り公園計画」であり、福祉、生きがい、木材、食のテーマを含んでいる。

ワーカーズコープを含めて、「大槌の魅力は人と自然」と共通した認識をもった団体がいくつもあり、自分たちの力で大槌を復興させる決意を持った人たちが協力すれば、きっと夢のような公園ができることだろう。（２０１２年8月13日）

# 5部

# 各地から岩手に笑顔を

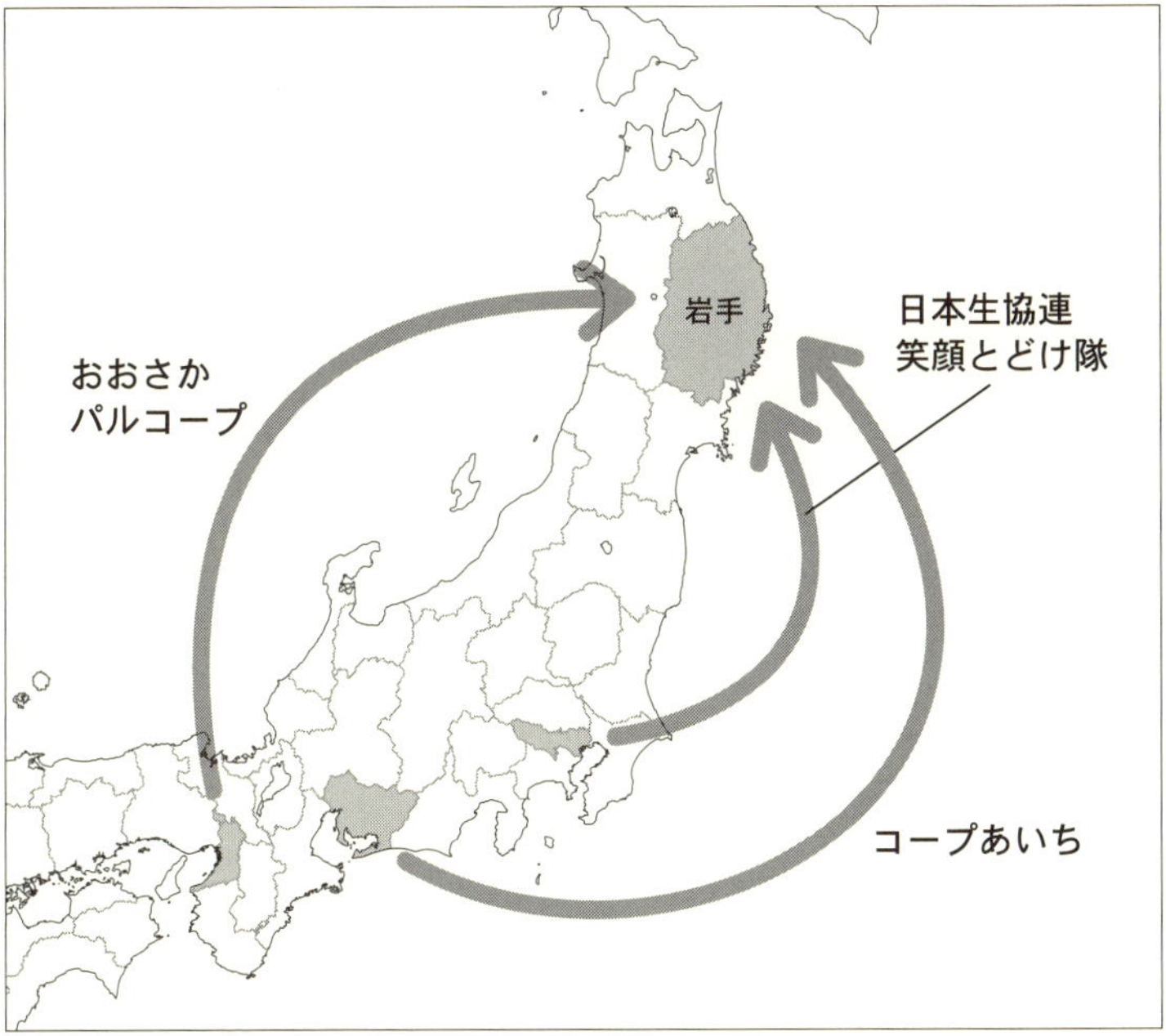

岩手における復旧・復興の取り組みを、全国各地からの多様な支援が支えている。支援の募金や、被災地で生産した復興商品を利用することからはじまり、一人ひとりの被災者に寄り添い応援している気持ちを、寄せ書きやクリスマスカードなどに託す方もいる。さらに条件の許す人たちは、ボランティアで被災地に入り、がれきの撤去や被災者との交流などもしている。

そうした中で、震災という極限の状態をくぐり抜けてきた被災者に会うことで、暮らしや生き方などの原点を見つめ直すきっかけとなり、逆に励まされた方も少なくない。まさに助け合いで大切な〝お互いさま〟の精神であり、それは支援という上下関係よりも、対等な協同としての横関係である。

# 第17章 目の前の一人の被災者に寄り添う

## 【おおさかパルコープ】

**たこ焼きパーティーで元気に**

「美味《おい》しいたこ焼きですよ！」

「大阪から持ってきた、本場の真だこが入ってます！」

近くの仮設住宅や、全壊はまぬがれたものの補修した自宅で暮らす被災者たちが集まってきた。二〇一二年七月に陸前高田市のある公民館で、おおさかパルコープと遠野まごころネットの見守り・物資班が協力し、たこ焼きパーティーを開催した。味にもこだわり、東北で収穫する水だこではなく、シャキシャキする真だこを大阪から運んでいた。

晴天に恵まれ、公民館前に立てた簡易テント内のテーブルでは、半球のくぼみが多数付いた三台のたこ焼きの鉄板を加熱していた。くぼみの中へ液状になった小麦粉を流し、その上へ細かく切った真だこ、紅生姜《べにしょうが》、天かす、干しエビ、ネギを入れる。裏面が薄く膜状に焼けると、千枚通しのような道具でひっくり返し、これを何度か繰り返しボール状に整える。

最初は大阪から来たボランティアが慣れた手つきで作っていたが、やがて見ていた被災者が挑戦してきた。それでも簡単に、初心者が球形のたこ焼きを作ることは難しい。形がゆがんだり中の具がはみ出たりし、その度大騒ぎであった。そうした中で会話がはずむ。

「大阪では、たこ焼き器が各家庭にあるんですよ」

「え？　そうなの？　初めてたこ焼きを作ったけど、また家でやってみるわ」

たとえ形がゆがんでも、自分で作ったたこ焼きは美味《おい》しい。キツネ色に香ばしく焼き上がったら小皿に盛り、ソースを塗った上に鰹節《かつおぶし》と青海苔《あおのり》をかけ、誰もが笑顔で食べていた。

たこ焼きの他に、ガスで熱する大きな鉄板では、お好み焼きと焼きそばも作っていた。皆で焼いたたこ焼きやお好み焼きなどを食べた後に、希望者は足湯をしてもらい、お茶を飲みながらひとしきりおしゃべりをするなど、楽しい「お茶っこ」を過ごすことができた。

**岩手ボランティアバス**

おおさかパルコープ・ならコープ・大阪よどがわ市民生協の共同企画で、二〇一二年四月より岩手ボランティアバスの参加者を募るため、以下の呼び掛けをした。

「昨年に比べると市街地の高台に仮店舗が増えたり、小学校の仮設グラウンドや畑ができて、少しずつ前に進んでいるように見えますが、まだまだ平地では全く手つかずのところも多く、側溝の掃除をしているとお茶碗《ちゃわん》などが出てくる状況です。復興への道のりは、まだ時間がかかるようです。少しでも早い復興を目指し、ボランティアバスの日程を年間一三回から一七回へ四つ追加しました。皆さんの参加申し込みをお待ちしています。

参加費用　一人八、七〇〇円（宿泊費、現地での食事代、ボランティア保険七〇〇円を含む）

募集人数　各二〇名

参加条件　組合員、およびその家族（中学生以上の方）

ボランティアの内容　仮設住宅の屋外清掃や家内清掃、畑作業、炊き出しなど

ボランティア日程　三泊四日（車中二泊）

【一日目】おおさかパルコープ本部前集合（午後六時）〈バスで移動、車中泊〉

【二日目】岩手一〇時頃着、ボランティア活動（終日）〈夜は宿舎泊〉

【三日目】ボランティア活動（午前）、被災地視察（午後）〈夕方、バスで現地発、車中泊〉

【四日目】おおさかパルコープ本部前到着〈午前一〇時頃予定、解散〉

被災地は、いまだ復興とはほど遠い状況です。今年は、組合員さんに一部費用負担いただき、ボランティアバスを運行しています。『ボランティアに行ってみたい』、『もう一度

行きたい』という応募が多く寄せられましたので、当初より開催日程を増やしています。遠野まごころネットやいわて生協の取り組みに加わり、おおさかパルコープ・大阪よどがわ市民生協・ならコープの組合員さんと合同です」

この案内を見て、毎回のように三生協からたくさんの組合員が参加し、例えば二〇一二年七月二七～三〇日に開催となった、第五回の報告書は以下のとおりである。

「おおさかパルコープ・大阪よどがわ市民生協・ならコープの三生協の組合員三〇名と、事務局三名で陸前高田へ。バスで一五時間の行程を経て陸前高田へ到着し、今回は初日三班に分かれて活動しました。気温は三〇度を超え暑い中での作業となりました。

第三回のボランティアが植えた、長部《おさべ》小の仮設グランドの芝に水やりをしました。元の公民館は流され、もうすぐ完成予定の公民館で草抜きをしました。菜種の収穫をし、広げたブルーシートの上に枝の束を置き、細い木の棒で叩くと実がはじけて下に落ち、それを篩《ふるい》にかけて集めます。

川の上流では、鮎《あゆ》の群れがいたり、草むらでカエルがたくさん跳ね、都会では体感できない自然の豊かさに皆さんも喜んでいました。語り部の体験談を聞きながら市内の視察をし、波がここまで来たという高台へ上り津波の恐ろしさを実感しました」

こうして毎回のように有意義なツアーが開催されている。

**目の前のただ一人の被災者に寄り添い**

「世界や日本で起きたことのない衝撃的な出来事が、一〇日前の三月一一日に発生し、それ以降、東北は完璧に変わりました。支援の輪が広がり、おおさかパルコープは震災の翌日に対策本部を作りました。

社会的に弱い人がお金を出し合い、自分たちに必要な品物を自ら供給することが生協の原点で、震災の復興支援をすることは協同組合として当たり前のことです」

二〇一一年三月二一日に、おおさかパルコープの本部集会において、池昌平副理事長（六六歳）が報告していた。復興支援へ長期に対応するため全職員が協力し、それぞれの分担を確認する場であった。

「我々が今回の震災を強く感じたのは、一六年前の阪神・淡路大震災を大阪で経験していたからです。被災地の神戸を連日徹夜で支援したことや、おおさかパルコープが全国の生協による後方支援の拠点になったこともあり、東北といえども他人事《ひとごと》とは思えませんでした。

もう一点は、東北のみやぎ生協、いわて生協、生協共立社《きょうりつしゃ》に私たちは、北海道の子会社コ・ジャスナを立ち上げる時に大変お世話になりました。コ・ジャスナからは、ジャガイモ一〇トンを被災地へ運んでいる最中です。

地震・津波・原発事故の三つが重なったのは、世界史上初めてです。おおさかパルコープの事業が、一時的に停滞したっていいじゃないですか。東日本の被災地に、物を送ることを優先します。

おそらくゴールの見えない支援活動になります。ドイツの医師であり詩人で、小説家のハンス・カロッサ（Hans Carossa 一八七八－一九五六年）は、『ただ一人の人に正しいことをするより、幾千の人たちのことを同情・心配することの方が楽なのです』と、実際に支援することの大切さを説いています。心配するだけでなく、『ただ一人の人に正しいことをする』ため、おおさかパルコープは行動します」

共助の〝お互いさま〟の精神で、長期の支援を池副理事長は強調していた。

最後に池さんは、震災から五日後に枚方《ひらかた》の組合員から届いた手紙を手にし、声をつまらせながら紹介した。

「先日、（おおさかパルコープの）西くずは店（枚方市）へ買い物に行きました。お店の方が、売場のあちこちに、被災地へのメッセージを書いてくださり、たくさんの呼びかけをしていました。私は実家が仙台市で、宮城や岩手にたくさんの親戚や友人がいます。この関西では、地震以降も変わらない日常に、仕方がないと言い聞かせながらも、自分の無力さを痛感するとともに、苛立《いらだ》ちを覚え、孤独感でいっぱいでした。だから生協の嬉《うれ》しい支援を見て、お店の中だというのに涙が止まりませんでした。どうか今後も引き続き、長く長く被災地支援の呼び掛けをよろしくお願いします」

一人の組合員の熱い気持ちは、聞いていた職員の胸に深く染み渡っていった。

## 息の長い取り組みを

おおさかパルコープでは、以下の三点を震災直後に確認している。

①弱い立場の者が生活防衛のため守りあう組織という生協の理念で、国内で数十万人の被災者の方々へ、できる限りの支援活動に取り組む。

②空前未曾有の被害に対して、引き続き独自の支援活動を模索する。

③日本生協連や大阪府連をつうじた被災地行政や、おおさかパルコープが活動するエリアの行政からの要請にも取り組む。

そのうえで被災地・被災者支援の具体化として、第一に遠野市へ拠点を置き、当面は岩手県沿岸部の被災地への独自のボランティア活動をすることにした。遠野市としたのは、盛岡市と沿岸被災地との中間地で、交通路の集積地点で大槌や釜石などの沿岸部には一時間弱で行くことができる。また米の産直先であるＪＡ花巻の事業所があり、以前から交流していた。

第二に、パルコープエリア内に避難している被災者の方々が、慣れない大阪で安心して生活ができるように、共同購入班の利用をはじめ、地域コミュニティーと食をできるかぎりサポートする。

こうしたおおさかパルコープの方針で支援をし、その成果はボランティアに参加した人たちの感想にいくつも表れていた。

## 支援を通しての学びや気付き

「遠野まごころネットのボランティア活動は、毎日のようにセンターの玄関先でのラジオ体操から始まり、全体朝礼があります。責任者から毎日の注意や訓示があり、その中で心に残る言葉がありました。

それは、人生には三つの坂があるという話です。一つ目は登り坂、二つ目は下り坂、そして三つ目がまさかだと言うのです。『まさか、こんな大きな津波がここまで来るとは思わなかった』などと、被災者からたくさん聴いたとのことです。

近畿で地震が発生して津波が襲ってくるときに、このまさかは大切なことだと感じました」（男性）

「夜行バスで一四時間。同じ日本でも遠いなあと改めて感じました。訪ねた仮設住宅の自治会長さんが、私たちに話してくれました。

『震災直後の避難所では、いびき・歯ぎしり、夜中にトイレへ行く人などで、眠ることのできない日が続き、人間として本当に最低の生活でした。だから仮設住宅に住むことができ天国です。今日は遠方から来てくださりありがとうございます。ですがこんなにして頂いているのに、お返しするものが何もないのです。それが悔しくて悲しいのです。でもいつかきっと恩返しができるように頑張ります』

これを受けて、ある方が言いました。

『我々の遠い祖先が、皆さんの先祖にお世話になったこともあるでしょう。そしてこれから先に子孫が、岩手の皆さんの子孫に助けて頂くこともあるでしょう』

大切な助け合いの心を、私も忘れずにいたいと強く思いました」（女性）

「五九歳までボランティアという言葉に、時間がない、お金がない、心に余裕がないと目を背けてきました。三年前に妻が他界し、その三カ月後には妻の母を亡くし、昨年は一三年連れ添った愛犬が死亡し、今日まで何ひとつ前に進めていないことにガクゼンとしました。しかし、陸前高田に来て、今までの三年余りは何だったんだろうと考えました。被災された人たちに比べれば、私の悩みなんかは、ほんのちっぽけなもので本当に恥ずかしくなりました。ボランティアで逆に元気をもらい、自分を見つめ直すことができ感謝して

仮設住宅の皆さんとおおさかパルコープ職員ボランティア。（写真提供・おおさかパルコープ）

います」（男性）

「岩手ボランティアバスは、ボランティアをしたいと思っていても、どうしていいかわからない人に、ほんとうに参加しやすいすばらしい企画です。できるだけ数多く機会を作り、皆が参加できるようにお願いします。

また、おおさかパルコープから現地に派遣され、がんばっているスタッフがいることも誇りです」（女性）

それぞれが被災地でのボランティアを通して、貴重な学びや気付きをしている。

**復興支援で人を育て**

二〇一二年八月上旬に私は、盛岡から早朝の高速バスに乗り、約二時間かけて遠野市を訪ねた。おおさかパルコープから、この地へ震災後から駐在している林輝泰《はやしてるやす》さん（54歳）に会い、出向先の遠野まごころネットを通しての取り組みについて聞くためであった。

遠野まごころネットは、被災した岩手県南部の沿岸を支援するため、二〇一一年三月に遠野市民と同市の出身者を中心に結成されたボランティア集団で、各地からのボランティアや支援物資等を受け付けている。参加団体は二〇一二年七月末現在で六三団体にもなり、おおさかパルコープといわて生協が加わっている。

昔ながらの木造や白壁のある町並みを通り、広い浄化センター内にある遠野まごころネットの大きなプレハブを訪ね、事務局長の齋藤正宏《さいとうまさひろ》さん（52歳）に話を聞いた。作務衣《さむえ》姿の齋藤さんは、プレハブの中は暑いのでと、庭の木陰のテーブルに移って思いを口早に語ってくれた。

「大槌や陸前高田などは、あらゆる物が津波で破壊され、町や村の全てのインフラを造り直さなくてはなりません。最近では筑波《つくば》の竜巻被害があって私たちも支援に行きましたが、形を変えてこうした被害は地方のどこでも発生しますよ。

ところが国は、地域を再生する方針や戦略をまるで持っていません。それは震災以前からで、地方はどこも過疎化が進み弱体化し、震災はそれに拍車をかけるのです。

ここに長崎県の壱岐島《いきのしま》から平均年齢六三歳の男性たちがやってきて、ボランティアでがれきを片付けたり、復興させた畑にジャガイモを植えたりしてくれました。そのときの話は、『我々は、島で生き残りたい。そのため次は、四〇代の人を勉強のためここに寄こす』とのことでした。今のままでいけば、日本のどこも衰退するだけです。人間らしく生きていく地域を、自分たちの手でつくることが大切なんです」

がれきを撤去したりすることは、あくまでも一つの段階であり、人の住む地域づくりが目的であるとの大切な指摘であった。いくつもの作業を通して、若者が人間として育っていることも齋藤さんは語ってくれた。

「ここで長期に働いている若者の多くは、いわゆるプータローで、あいさつや電話の応対も最初はできません。ところが三カ月もすれば何かの事業の責任者になるので、全部を自分で考えてやるしかありません。すると成長しますよ。都会では『いらない』と言われ続けて落ち込んでいた若者が、『仕事は作ればいい』とか『生きればいい』と気付き、元気になります。もちろん全員が成長するわけではありませんが、ここで学んだ若者が出身地に戻ったり、九州などの新たな被災地に出かけていますので、私はまだ日本に希望を持っています」

復興支援を通して、自立した人間を育てているというから凄《すご》い。二〇一二年八月中旬には、これまで遠野まごころネットで活動したボランティアの総数が七万人を突破した。齋藤さんの評価する成長した人が、その一割としても七千人はいるので影響力は大きい。

　齋藤さんが最後に強調したのは、被災地支援を経て、各自が地元で何をするのかであった。被災地か否かではなく、地域から見えてきたコミュニティに共通する問題に一人ひとりが向き合うことであり、支援の在り方を考える上で極めて大切な指摘であった。

**協同組合を実感し**

二〇一一年の五月から岩手県に常駐している林さんに、おおさかパルコープの取り組みについて語ってもらった。

「おおさかパルコープの対策本部に労働組合も加わり、費用についても理事会と労組で出し、ボランティアの参加も双方から呼び掛けることに大きな意味があると思います。

　当初は独自に拠点探しをしていましたが、幅広く活動している遠野まごころネットに出合い、構成団体の一員になることでより現場の被災地に寄り添い、取り組みの意味を考えながら活動できるようになりました。具体的には遠野まごころネットの物資班に加わり、大阪の組合員から預かった、仮設住宅で使う〝台所セット〟や冬場の〝あったか衣料〟を、直《じか》に被災者の方々へお届けし、喜んでいただく場面を数多く体験させてもらいました」

　おおさかパルコープは、二台の配送トラックを現地に持ち込んでいる。また大阪よどがわ市民生協とならコープも、それぞれ軽自動車一台を提供している。

林さんも人材育成に期待していると話してくれた。

「ボランティアの参加者は、支援を通して協同組合の原点を体感してもらっていると、いつも感じています。生活に欠かせないさまざまな物資をお届けしながら、被災者との出会いはもちろんですが、日常業務では会ったこともない他部署の職員や他生協の人とも、一緒に活動し議論する機会となっています。『地域から生協がよく見えない』と聞きますが、生協の枠を超えて、個人ボランティアやＮＰＯ諸団体と同じ活動をすることで、地域で人と人のつながりがどれだけ大切かを、私自身も教えてもらっています。

また実際に被災された語り部さんからは、自然の脅威や被災直後から今の暮らしなど、震災が私たちの考え方や暮らしに示した教訓を、繰り返し語ってもらっています。それを『帰りのバスの中から携帯メールで、家族や知人にも伝えたよ』と、発信していることも聞いています」

おおさかパルコープの、震災支援を通した気付きによって、人の成長につながる貴重な実践が続いている。（２０１２年８月22日）

# 第18章

# 支援から協働へ
# [コープあいち]

### 七夕祭りは心の古里

「ヨーイ、ヨイ?」

「ヨーイ、ヨイ!」

太鼓と横笛のにぎやかな囃子《はやし》に乗って、先導係の「用意は良いか?」を問う「ヨーイ、ヨイ?」の後に、綱を引く人たちは、「用意は良い」の意味で「ヨーイ、ヨイ!」と応えていた。

二〇一二年八月七日の陸前高田市高田町では、気仙《けせん》の夏祭りの一つとして恒例の「うごく七夕」が、がれきを撤去した町並みを練り歩いた。高さが四メートルを超える山車《だし》の四方の角には、大きくてカラフルな吹き流しを飾り、周囲には色とりどりの紙で作った飾りを付けた長い竹ひごを、地面近くまで何本も弓なりに垂らしている。

元々山車は一二台あったが、震災で被害を受け二〇一一年は二台しかなかった。二〇一二年は、熊本県の団体や茨城県にある株式会社カスミや愛知県の安城《あんじょう》ライオンズクラブの支援を受け、六台の山車で祭りを盛り上げた。

同じ日に隣町の大船渡市盛町では、東北における伝統的な三大七夕祭りの一つである「灯ろう七夕」が開催されていた。山車《だし》の四面の大きな壁面には、力強い武者姿などが濃い色彩で紙に描かれ、それらが夜になると内側に灯《とも》したロウソクに照らされ、幻想的な雰囲気を醸し出していた。古くから続く祭りで、高さ四メートルほどの七夕山車は、毎年各祭り組が新たに自分たちで絵を描いている。

ここでも威勢の良い掛け声や、伝統的な太鼓に横笛の囃子《はやし》が、山車と一緒に町の中をゆっくり進んだ。

津波で山車は二台流出したが、愛知県安城市にあるNPO愛知ネットなどの支援で一台を復旧し、最終的には一〇台の山車が出揃《そろ》い、地元の道中踊りが加わって元の盛り上がりを取り戻した。

県外からの支援組は、愛知ネットの他に国際ボランティア団体オール・ハンズや、立命《りつめい》館《かん》大学などの大学生であった。盛《さかり》青年商工会とボランティアらが協力し、ビアガーデン「愛知・広島・友情・さかり町横丁」をオープンし、生ビールや焼き鳥などを販売した。コープあいちが販売したジャンボ焼き鳥は、好評ですぐに売り切れた。

今年の祭りは、安城《あんじょう》七夕祭り協賛会が昨年に続いてバックアップし、また明治《めいじ》大学や立命館大学や愛知《あいち》学院《がくいん》大学が協力し、コープあいちとＮＰＯ愛知ネットなどが後援していた。

陸前高田で祭りを盛り立ててきた、地元のある区長さんが言った。

「七夕の製作がなければ、元の住民が集まる機会がありません。七夕と聞くと、皆が集まってきます。七夕祭りは、私たちの心の古里ですよ」

また大船渡の祭り実行委員会の方は、「支援が縁で、昨年から多くの人たちに祭りを支えてもらっています。昔からある祭りですが、他の地域の人が入ってくることで活性化につながっています」と話していた。

震災による犠牲者の霊の鎮魂も込めた二つの七夕祭りの成功には、コープあいちがいろいろな形で関わってきた。

## 花飾りを作る

二〇一二年七月に、コープあいちの企画した「想いをつなぐ地域交流 with 三陸気仙」のツアーが、大船渡や陸前高田を訪ね、仮設住宅で被災者との交流をし、復興に向かっている産直グループの施設を訪ねたり、被災者のための炊き出しなどもした。

その中の一つが夏祭りに向けた地域交流で、「うごく七夕」の山車に使う花飾りを作っ

花飾りを付けた山車と共に記念写真に収まる陸前高田市荒町のみなさんとコープあいちのツアー参加者。（写真提供・コープあいち）

た。二〇一一年に組合員からの二三万枚もの支援タオルがあり、その縁でつながった高田町洞《ほら》の沢《さわ》地区での作業である。花飾りは蛇腹状に折った複数枚の紙を一枚一枚広げて作り、地域の人たちとツアーの参加者は、おしゃべりも一緒に楽しんだ。

なお洞の沢地区は、隣の荒町《あらまち》と祭り組に参加していたが、約一四〇戸あった両地区は、津波によって山際の洞の沢地区の一五戸のみとなり、祭りの準備にも困っていた。

二日間かけて予定した大量の花飾りが完成した後で、コープあいちのツアー参加者に、感謝の気持ちを込めた七夕囃子《ばやし》がプレゼントされた。

「ヨイヤサー、ヨイヤサー」

元気な掛け声と共に額を汗でにじませた男

たちが、広場に並べた四個の太鼓を太いバチで勢い良く叩き続けた。

**三陸の伝統文化に寄り添い**

コープあいちが、二〇一二年八月の夏祭りに合わせて企画した「夏まつり交流 with 三陸気仙」ツアーは、「三陸の伝統文化に寄り添うツアーに行こう！〝支援タオルと食材支援〟がつなぐ心の架け橋」と呼び掛けている。八月三日に愛知県を出発する二泊三日の第一回ツアーでは、八月四日の大船渡祭りの手伝いと、第二回ツアーの準備を目的に催行し、八月五日出発の第二回ツアーは、盛町灯ろう七夕祭りと、陸前高田うごく七夕祭りの手伝いをする目的であった。

各祭りについては、「組合員のみなさんのご心配や心遣い（支援タオル、クリスマスカード、食材など）をお届けし、友好関係が生まれた地域で毎年行われてきたお祭りです」と紹介している。

また現地駐在員からとして、「気仙地域には、これまで六回のツアーを通して一五〇人以上の組合員が交流を深めてきました。ある女性は、『二〇年前に島根からこちらに嫁ぎ、その夏のお祭りの踊りに参加して、はじめてこの地の人になれた気がしました』と話してくれました。そんな方たちが、タオルなどで応援した組合員の皆さんを待っています」と誘っている。

なお一人の参加費は、大人が七、〇〇〇円で中学生と高校生が五、〇〇〇円と安く設定し、多くの人が参加しやすくしている。ただし食費は含まれず、バスを使用して一泊は車中の往復一、八〇〇キロの旅で、それなりに体力を使う。

岩手県の沿岸南部にある大船渡市・陸前高田市・住田町の気仙地域では、被災後に気仙市民復興連絡会が立ちあがり、炊き出しを通じて避難所や被災地のニーズの聞き取りをし、そこからの物資の依頼がコープあいちにあり、支援を続けてきた。

炊き出しや支援タオルを届けて交流を深める中で、気仙地域の皆さんからの「被災地をぜひ見てほしい」との声に応えるため、二〇一一年から企画しているツアーが、「想いをつなぐ地域交流　ｗｉｔｈ　三陸気仙」である。実際に被災地を見て話して知ることで、岩手と愛知をつなぎ、それぞれが復興に向け何ができるかを考えるきっかけにしている。

## 支援から協働へ

復興支援のツアーについて、執行役員の牛田《うしだ》清博《きよひろ》さん（53歳）は、以下のように大切な視点を語っている。

「被災地にとって復興は、まだまだ遠くにあります。がれき処理や、現地の暮らしと産業の立て直しと雇用もあれば、さらに重くのしかかる放射能汚染の問題が深刻です。震災で受けた傷による気持ちの温度差や、仮設住宅という空間で作られていく新たなコミュニティの姿など、被災地はたくさんの問題があります。

今できることを問い続けて、私たちにできることは何か、それを考えるために現地で人と出会い、体験することを大切にしてきたのが、『想いをつなぐ地域交流 with 三陸気仙』のツアーです。このwithがポイントで、まさに三陸気仙のみなさんと一緒につくり上げ、一緒に動いて考える協働のツアーです。これからも被災地に目を向け、そこで暮らす方たちがより元気になれるようなサポートを、組合員と役職員の皆で続けていきます」

「支援をしてあげる」とか「支援をしてもらう」上下関係でなく、対等の横の関係で活動するとして、協働と位置付けることを強調している。ツアーだけでなく復興支援の在り方を考える上で、重要な指摘である。

## 被災者と想いをつなぎ

以下はツアーに参加者した人の、たくさんの感想のごく一部である。

「岩手の方々からとても元気な笑顔で迎えていただいて、逆に癒やされた思いです。各地の交流でのおもてなしに、コープあいちに助けていただいた思いがこもっていたのです。

大船渡屋台村《やたいむら》を立ち上げた人々の熱意に、心をうたれました。人々が助け合って生きている姿が素晴らしいです。現地でお金を使うことも、ボランティアとの想いも理解できます。人手が必要との願いに応えてあげたい。八月の七夕祭りの手伝いが、できればしたいと思いました」

「今回のツアーは私にとって、三回目の参加でした。最後の一日は、スケジュールから一人外していただいて、一回目のツアーでお友達になった仮設住宅の方を訪ねました。私はこのツアーに参加し、『大船渡に来ている時間は、人生の中でも特別だ』と話しました。

初めて来た時、被災地でありながら、なんて素晴らしい場所なんだろうと思いました。こんなことが起こって悲しい土地なのに、天気も良くとても美しい大地でした。そこに暮らす人々は、こんな悲しいことが起こったのに、明るく笑顔で感謝して、素晴らしい人々でした。

ツアーに参加した皆は、そこに感動して元気をもらって、『また来よう』、『この元気と勇気にあやかろう』、『この人たちと一緒にいたい』と思います。それにしても、この人たちの元気と勇気はどこからくるのでしょうか？

『パンドラの箱』の朗読がありました。パンドラの箱は、三陸の地で開けられてしまい、物は全て壊され、家も町も肉体も持って行かれました。そしてここに残ったのは、パンドラの箱の最後にあったのと同じ希望です」

ツアーの参加者が、対等の関係で被災者に向き合い、貴重な気付きや発信をしている。

**心の支援をカードで**

コープあいちでは、「被災された組合員の方へクリスマスカードを贈る取り組み」もした。この活動はいわて生協から依頼したもので、けせんコープ組合員理事の飯塚郁子《いいづかいくこ》さんが以下の手紙で触れている。

「けせん地区では、仮設住宅に暮らす方以外にも、さまざまな事情があり避難所を早くに出て、アパートや貸家に住んでいる方も多くいます。また何とか自宅は残ったものの支援を受けられずにいる方や、失業とか体調を崩した方や、これからどう生きていけばいいのかと不安げに話す高齢の方もいます。

こうした方々に少しでも元気になって、生きることを決して悲観しないで欲しいし、あなたは一人じゃない、誰かが見守っていることを伝えたいと思い、『クリスマスカードを贈る取り組み』をお願いすることになりました。多くの方は、被災地支援イコール仮設住宅支援と思われるかもしれませんが、仮設住宅以外の被災者もあの日からの苦しみに耐えています。どうかこの状況をご理解いただき、仮設住宅以外の被災した組合員にも、心の支援をいただけましたら幸いです」

いわて生協のエリアごとに活動する組合員のコープ委員が話し合い、「年賀状は今年亡くなった方が多いので出すことはできないけど、クリスマスカードなら出せる」と、急ぎ実施することになった。

協力の要請に応えたコープあいちでは、すぐにクリスマスカードを募集し、二〇一一年一二月一四日までに五、五三六枚が集まり、いわて生協組合員の作った折り鶴を添え、陸前高田市、大船渡市、住田町の共同購入の組合員などへ届けた。

同じ主旨で、二〇一二年には七夕のカードにも取り組み、コープあいちでは一、二一七枚も集め、他にも東京や神奈川や香川の各生協の組合員も協力した。集まった七夕カードは、各地からのお菓子も添えて、野田村、山田町、大槌町、陸前高田市の共同購入（宅配）の利用者に届いた。

カードを受け取った、陸前高田の仮設住宅に暮らす組合員からの礼状である。

「手作りのカードは大変だったと思います。ありがとうございました。生協さんには避難所にいるときから、手作りのお弁当の支援をはじめ感謝しています。仮設住宅へ移るときに夫から、『車もないし買い物が不便だから』と言われたのですが、『生協さんが来てくれるから大丈夫』と言い、個配を利用して本当に助かっています」

　七夕のカードに込められた思いは、被災者の心にもしっかり届いていた。

## コミュニティの再生を復興の基礎に

　二〇一二年の八月上旬に私は、大船渡市に初めて足を運んだ。訪ねた盛町付近はかろうじて被害は少なかったが、大船渡港に注ぐ盛川《さかりがわ》の左右には津波が襲い、後で回るといたる所に深い傷跡が残っていた。

　盛駅前の食堂の座敷で、コープあいち職員の岩本隆憲《いわもとたかのり》さん（54歳）に会った。二〇一一年五月から大船渡に駐在している岩本さんは、地元で協力してくれる方たち六名と、目前の夏祭りのツアーや、その後の秋のツアーなどについての相談をしていた。

　コープあいちで集めたタオルは、地元のボランティア団体が、避難所や仮設住宅を訪ねて、こまめに近況や要望を聞きながら渡したことで交流が深まった。それ以降コープあいちは、復興を目指す地元の団体や個人との連携をいつも大切にし、その日はＮＰＯ夢ネット大船渡、椿の里・大船渡おもてなし隊、大船渡市民ボランティア、互助団体・多目的ホーム「みんなの家」、いわて男女共同参画サポーターの会から参加していた。打ち合わせの後で、それぞれの取り組みの説明を聞かせてもらった。震災による大変な状況の下でも、自らの力で当面する課題に立ち向かう情熱を各自から感じた。

岩本さんは、コープあいちの復興支援の取り組みについて熱く語ってくれた。

「二〇一一年からのツアーでは、素敵な出会いや触れ合いがあります。被災した人々は、皆さんが深い悲しみを笑顔に変え、温かくて優しく私たちを迎えてくれました。なぜならコープあいちの組合員さんが、我がことのように心を痛めた思いが、支援タオルとともに被災者へ届いていたからです。かけがえのない友人として被災地を深く知ることが、復興に向かっている東北全体の心の応援につながります」

コープあいちのツアーは、同じ被災地を何度も訪ね、またリピーターもいて、人と人の繋《つな》がりの場になっている。そうした中で岩本さんは、いくつもの気付きがあったと言う。

「常駐していると、地域ごとの伝統の違いや、現地のニーズの変化を知ることができます。例えば作業して帰る多くのボランティア・ツアーは、仲間同士の交流はあっても被災者との交流はあまりありません。心の交流に至るには、地元の支援団体やその地域の住民との信頼関係が必要です。

地元の支援団体とコープあいちが繋《つな》がった協力関係を、地元の方々は〝友情〟と言っています」

コープあいちの取り組みを、上下関係や損得関係抜きの〝友情〟と表現しているのは凄《すご》いことである。岩本さんを含めコープあいちから現地を訪ねた人たちの、被災者を思う誠意の賜物《たまもの》である。

こうした〝友情〟が、夏祭りの取り組みにもつながっていると岩本さんは強調していた。

「気仙の地域にとって、お祭りはそれぞれの伝統や個性を表すコミュニティそのものですよ。震災前までは各地域の人たちだけで取り組んできましたが、震災でできない祭り組もあり、外からの協力も得て新しいコミュニティでお祭りを成功させ、復興につなげようとしています。今年は大船渡と陸前高田の二カ所で、お祭りの手伝いを通して、新しいコミュニティづくりに参加させてもらうことができ、こんなに嬉《うれ》しいことはないですね」

コミュニティの再生によって地域の復興を促し、そのため内部の自分たちでどうしようもないことについては、理解のある外部の友人の力を借りる。コープあいちは、被災地と大切な協力関係を築きつつある。

なおコープあいちの課題をたずねると、下記の七項目を岩本さんはあげてくれた。

①復興支援活動の全体像が分かるようにする。②組合員自身の思いで支援内容を作り、広がるようにする。③顔の見える関係を活かし、復興につながる産物・手作り品の開発や調達をすすめる。④当事者である住民による、気仙地域のコミュニティ再生を支援する。⑤業務組織での体験や研修の場として、気仙地域への継続派遣と現地駐在の継続を進める。

⑥愛知県内の広域避難者へのフォローを組織的に行う。⑦以上を通じて組合員と職員が共に活動し、組合員や地域へ広げ、また地域のNPOや行政と協働して、誰もが安心して暮らせる地域ネットワークとしていく。

どれもが大切な課題で、〝友情〟を大切にした被災地とコープあいちの協力関係は、これからも一歩ずつ進んでいくことだろう。（2012年8月17日）

# 第19章 笑顔を届けて【日本生協連・笑顔とどけ隊】

## 切り株を動かして

「せーのっ！」

「せーのっ！」

大きな切り株に掛けた三本の太いロープを、一五名ほどの男たちが、足を踏ん張りながら引っ張った。津波で浜に流されていた幹の直径が六〇センチほどの杉の木で、チェーンソーを使って運ぶことができる程度に枝から小さく切り、最後に残った根元である。長さは二メートルほどで、根の周りは約五メートルあった。

浜辺からトラックを寄せてがれきを運び出す場所までは、直線にして五〇メートルほどあり、その間を集まった人の力で動かそうというのである。田老町漁協の職員が、近くに散乱していた漁業用のロープを三本使い、切り株を引くようにセットした。

切り株の後ろでは、二人の男性が両手を当て全身で押した。そうして全員が力を合わせて切り株を少しずつ動かし、砂浜にはいくつもの足跡と株が作った溝ができていた。こう

切り株を、渾身の力で引く日本生協連笑顔とどけ隊のメンバー。（写真提供・笑顔とどけ隊）

して、二本の切り株を移動させるのに約三〇分かかった。

二〇一二年四月下旬の日曜日の午後一時半から五時までかけて、東京にある日本生協連の職員で構成した笑顔とどけ隊と、田老《たろう》町漁協職員が協力し、宮古市田老町にある沼の浜キャンプ場で、津波によって散乱している木材などの片付けをしていた。

青空の下で、真崎わかめの収穫をしている舟の浮かんだ海からは、心地よい風が浜辺に吹いていた。

切り株を動かした後で、今度は砂浜に埋まっているスクリューを、綱引きで出そうとしたが、こちらは残念ながら成功しなかった。

それでも予定した半日の中で、二本の大木を含めて材木や、舟の破片と漁をするための網やロープなど、たくさんのがれきを撤去することができ、参加者は充実した顔つきであった。

**第一弾の活動は**

二〇一二年四月二八日から五月一日にかけて、岩手県宮古市田老地区へ三一名で支援に入った笑顔とどけ隊は、下記の内容で参加者を募った。

【支援活動の内容】

四月二八日（土）　一九時三〇分　東京渋谷出発

四月二九日（日）

九時～一二時　田老町漁協の海を守る植樹活動と昼食の炊き出し（一〇〇人分）

一三時～一七時　沼の浜海岸での材木等の撤去作業

四月三〇日（月）　一〇時～一五時　四つのグループに分かれて支援活動

・支援活動（三グループ）

仮設住宅の被災者への傾聴ボランティア（茶話会と話し相手）、手芸や簡単なヨガや体操、小学生とのボール遊びなど

・かけあしの会への支援（一グループ）でアクセサリー用の貝磨き

五月一日（火）　五時　渋谷到着、解散

募集内容

・募集人数三一名　日本生協連の役職員とその家族や友人（高校生以上）

・移動は大型バス一台（運転手二名）

・参加費用、一人四、〇〇〇円

以下は、参加した八幡実穂子《やわたみほこ》さん（24歳）のレポートの一部である。

〇今回の活動拠点となったグリーンピア三陸みやこ

付近は大きな仮設住宅団地が二つあり、仮設店舗が入るプレハブ棟も設置され、食品店や理容店、学習塾、靴屋、時計屋、写真店が入っていました。付近を散歩中のおばあさんと話すと、「仮設住宅にいて、一番つらいのは狭さ。座っていても何でも手が届いてしまうから、動かなくなる。だから毎朝六時半には、近くを散歩している。すると近所に住んでいる人とも会えるから、話ができる」とのことでした。

〇二九日　植樹活動

開会式では小林組合長から、「津波で海の様子が変わってしまった。植樹で恵みの海に戻したい」、日本生協連の内山和夫《うちやまかずお》さん（56歳）は、「真崎わかめの縁を大切に、これからも縁を深めていきたい」、女性部の方は、「今日は、震災後初の女性部の活動でとてもうれしい。何かやろうと思っても、きっかけがないとできない。今日は始まりの一歩で、後継者を育てて海を守っていきたい」と話していました。

○二九日　キャンプ場清掃

昨年の五月から一二月にかけて、漁協組合員が浜辺の清掃活動をずっと行っていましたが、海の中にはまだがれきが多くあり、清掃してもまた打ち上げられています。

○二九日　夜の交流会

いわて生協理事の香木さん、マリンコープＤＯＲＡ店長の菅原さん、田老町漁協業務部長の前田さんに、震災当日の出来事や、今思っていることを伺いました。香木理事からは、真崎わかめを使った料理を、菅原店長からは刺し身の差し入れがありました。

○三〇日　支援活動

あわびの貝のアクセサリー作りの手伝いをしました。昼食は香木理事の配慮で、かけあしの会の新商品である鮭《さけ》ラーメンや、真崎わかめ使用のかき揚げを頂きました。

○三〇日　帰り道

ふれあいサロンなど支援活動組とＤＯＲＡで集合し、一時間の買い物をしました。

沿岸部の津波の被災地に沿って帰り、建物が破壊され基礎だけになった跡地ばかりが広がり、ぼう然としながらバスの窓からながめていました。

〈感想〉

仮設住宅を訪ねた知人から、「生協さんは、偉そうな顔してボランティアしていない。一緒にやってくれるから嬉《うれ》しい」と被災者の話を聞いていました。今回も仲間を助け、皆に笑顔になっていただく気持ちで活動できたことが、一番良かったと思います。

ボランティアというと気負ってしまう方も多いですが、必要以上に気を使うことはなく、まずは参加し、現地の方と話して一緒に考えたらいいのではないでしょうか。継続がこれから本当に大切となり、姿勢を問われます。今後も繋《つな》がりを大切にし、ボランティアを続けたいものです。

**心にも夢灯りを**

「きれいねえ」

前を歩く人たちが、足を止めてながめていた。廃墟《はいきょ》となった田老の町で、いくつものロウソクの炎で〝絆〟の大きな字が浮かび、その手前には赤や黄色などの光を放つ灯篭《とうろう》の夢灯《あか》りがずらりと並んだ。二〇一二年八月一一日の夕刻のことである。

さらには、花火大会本部から防潮堤に続く道路の両脇にも夢灯りがいくつも配置され、遠くから見ると二本の光の線となっていた。田老では、一〇年ほど前からお盆になると夢灯りを作り、先祖の供養のため飾ってきた。震災後の二〇一一年八月一一日は、田老地区の死者・行方不明者一八〇名の霊を供養するため、二、三〇〇個もの夢灯りで防潮堤や寺などを飾った。

二〇一二年も八月一一日に、LIGHT UP NIPPON（ライト・アップ・ニッポン）の花火大会に合わせて、夢灯りを飾ると聞き、笑顔とどけ隊も協力したいと考えた。その意向を伝えて了解をもらったのが七月一〇日で、翌日には夢灯り制作プロジェクトを立ち上げ、日本生協連の役職員に協力してもらい、実質二週間で六〇個もの夢灯りを完成させた。

牛乳パックを使い、花火や花などをデザインしてカッターナイフで切り抜き、舟形に切った合板を底にして貼り合わせる。カラースプレーを使って表面は黒くし、内側の背面は赤や黄や緑の明るい色にし、切り抜いた空間から鮮やかな色が出てくる。笑顔とどけ隊では、わかめの形や田老町漁協の文字を入れた夢灯《あか》りを何本も作った。

夢灯りに使う火は、NPO「阪神淡路大震災1・17希望の灯り」が、わざわざ兵庫県からたくさんの浴衣と一緒に運んできた。神戸市にある「希望の灯り」の碑には、以下の文字が刻んである。

「震災が奪ったもの

命　仕事　団欒《だんらん》　街並み　思い出
……たった一秒先が予知できない人間の限界……
震災が残してくれたもの
やさしさ　思いやり　絆《きずな》　仲間
この灯りは　奪われた　すべてのいのちと
生き残った　わたしたちの思いを　むすびつなぐ」
田老の常運寺《じょううんじ》で受け取った希望の灯りは、夕方になって町中に設置してある夢灯りへと点火されていった。そこには笑顔とどけ隊の六〇個もあれば、熊本の高校生や遠くはフランスから送られてきた夢灯りもあった。
七時から一分間黙とうした後で、夜空へ勢いよく花火が上がって光の大輪が輝き、ドーンという大音響があたりに響いた。この日は田老も含めて一一カ所の被災地で、犠牲者の追悼と街の復興への思いを託して、約三万発が光と音を放った。
花火が開始して三〇分ほど経ったときである。夜空に続いて上がった四本の花火は、C、O、O、Pの順番でアルファベットを赤やオレンジに輝かせた。Cooperative（協同の、協同組合の）の略である。
その花火の前後で、女性アナウンサーによるメッセージの紹介もあった。

「辛いこと楽しいことを、生協は一緒に分かち合います」

「協同の力と輪は大きいです。一緒に前へ進んでいきましょう」

「全国の生協が、宮古市田老の皆さんを応援しています」

大きな丸い月の下で、多くの被災者が花火と夢灯りで笑顔になった。

**第二弾の内容は**

三五名が参加した二〇一二年八月の第二弾のバス・ボランティア隊は、以下の内容であった。

八月一〇日（金）
二〇時　大型バスで渋谷から出発。
八月一一日（土）
七時二〇分　グリーンピア三陸みやこに到着
八時　移動店舗「にこちゃん号」の手伝い班四名が出発。
九時　小港海岸にて清掃活動
一二時　昼食休憩
一四時三〇分　花火大会（LIGHT UP NIPPON）実行委員会の手伝い

二一時　　作業を終えて「グリーンピア三陸みやこ」にチェックイン
二二時　　ミーティング
八月一二日（日）
八時　　ミーティングと記念撮影
八時三〇分　　それぞれの班に分かれて移動し支援活動
一六時〜一七時三〇分　　いわて生協・マリーンコープＤＯＲＡで買い物
八月一三日（月）
五時三〇分　　渋谷に到着し解散

**日本生協連笑顔とどけ隊**

二つのツアー参加者は、ＣＯ・ＯＰの白いマークを入れたブルーでベストのようなメッシュ・ビブスを着た日本生協連の職員によるボランティアである。二〇一二年四月二日付の、以下の呼び掛け文に賛同して集まった。

「岩手県宮古市田老地区支援活動とボランティア参加者の募集の案内
【日本生協連の職員の皆さまへ】
この度、日本生協連で働く有志で、日本生協連ボランティア隊を立ち上げました。

一緒にボランティア活動を体験しませんか？

ボランティアは、助け合いの活動です。協同組合は、助け合いの組織です。ボランティアへの参加は、協同組合とは何かを体験できるでしょう！

【日本生協連・ボランティア隊の活動方針】
1．特定の被災地を継続的に支援します。
①年間を通じて特定の地区への支援を継続することで、支援先の方々との関係性（絆）を築きます。
②支援期間は、当面二〇一二年四月〜二〇一三年三月末を目処とします。
2．当面考える支援対象地区：岩手県宮古市田老町
①田老《たろう》町は、一〇メートルの防潮堤を越えた津波の被害にあい、代表的な被災地のひとつです。
②日本生協連と田老町漁協は、三〇年以上にわたりＣＯＯＰ真崎《まさき》わかめを取引しています。また同漁協は、いわて生協の産直わかめの産地でもあります。ボランティア活動を進めるにあたり、いわて生協の協力をいただきながら被災地区を支援し、信頼関係を築きます」
なお同会の規約は以下である。

「第1条（名称）　会の名称を「日本生協連　笑顔とどけ隊」とする。

第2条（所在地）　会の事務局を、東京都渋谷区渋谷3－29－8　コーププラザ内に置く。

　第3条（目的）

第1項　会は災害被災者を継続的に支援する。

第2項　会は自然災害等が発生した際に、必要な支援活動や災害ボランティア活動を行う。

第4条（事業）　会は第3条の目的を達成するために、次に掲げる活動を行う。
1　現地での支援活動
2　支援活動にかかわる企画や準備
3　笑顔とどけ隊の仲間づくり・募金活動
4　その他「笑顔とどけ隊」以外で、適宜呼びかけられる震災支援にかかわる活動
第5条（構成）　会はその目的に賛同する日本生協連（関連会社を含む）の職員と、その家族（高校生以上）で構成する。

第6条（入会）
1　会員の年会費を一口1、000円とし、一口以上の年会費を納めれば誰でも入会

することができる。年会費の上限は設けない。

2　会員へは「笑顔とどけ隊」会報を発行する。

第7条から16条　略」

これに賛同して登録している会員は、二〇一二年八月一九日現在で一三四名にもなっている。

**継続した支援で信頼関係を**

二回目の田老へのツアーを終え、笑顔とどけ隊の事務局長である内山和夫さんから、復興支援に対する考えなどを聞かせてもらった。

「変化する現地ニーズをできるかぎり把握し、それに可能な範囲で対応し、継続して取り組むことにより、現地との信頼関係を構築し、素敵な笑顔を届けていきたいですね。ボランティア活動は、助け合いの活動であると同時に、自分自身のためでもあることを、参加者に実感してもらいたいものです。現地活動に参加した人は、それぞれが何か大切なものを実感しています」

支援活動において大切な信頼関係を築くことや、支援が自分のためでもあることを強調している。

「田老の方々との、信頼関係の芽生えを感じています。宮古市社協・田老センターの職員、田老町漁協の皆さま、グリーンピア三陸みやこのスタッフ、そして仮設住宅に暮らしている方のそれぞれが、一回目の四月よりも確実に私たちへ親しみを感じてくれています。いわて生協が、長年にわたって地域に根ざした事業と活動を進め、生協が信頼されている基盤があり、その上で笑顔とどけ隊が誠実に活動しているからでしょう。二回目の訪問で、ようやくその土台づくりができたようです」

謙虚に話す内山さんである。職員の自主的な組織として活動している笑顔とどけ隊は、理事会や労組と異なった新しい協同の輪を広げつつある。（2012年8月19日）

# 6部

# おわりに
## ——全国を笑顔にするために——

マリンコープDORAの復興応援商品コーナーに掲げられた高校生によるスローガン。

東日本大震災は、たまたま岩手・宮城・福島の沿岸地で大きな災害をもたらしたが、地震大国の日本では、他のどこの地域でも被災する危険性は高い。心配されている首都直下型地震や東海・東南海・南海地震などは一例であり、活断層の見つかってない土地でも大きな地震は発生するから、「ここは大丈夫だろう」という思い込みによる安心は禁物である。

こうしてみると岩手などにおける復興の取り組みは、明日にでも我が身に降りかかってくる災害に、どう一人ひとりが対応すれば良いのかの教訓やヒントがいくつもある。それは、災害から身を守る防災や減災の範囲にとどまらない。金《かね》や若者が東京などの大都会にのみ集中する今の社会では、どこの地方も高齢化や過疎が深刻化し、人間らしく生きるコミュニティが崩壊しつつある。岩手の被災地におけるコミュニティ再生の動きの学びは、循環型の地域社会をつくるため、全国各地で笑顔を広げることにきっとつながるだろう。

# 第20章　おわりに

## 仲間との協同

震災から二年目となった岩手県に入り、協同を大切にした復興の取り組みをいくつも見てきた。一年目に訪ねた宮城における実践と比較すると、共通点がある一方で相違点もあり、私なりにいくつか感じることがあった。

第一は、被災という大変な状況の下でも、仲間と協力して一歩でも前に進もうとする姿であった。五人でスタートさせた「かけあしの会」や、全国の生協からの支援で実現した移動店舗もあれば、組合員を大切にする田老町漁協や重茂漁協などにも、その典型的な事例をみることができた。人類の叡智《えいち》である協同が、こうして被災地で活用され成果につながっている事例からは、復興に向けての確かな歩みとして希望を持つことができる。

「かけあしの会」を五人でスタートさせたと聞いたとき、私は「五本の指」の教えを思い出した。かつて沖縄県の伊江島で、晩年の阿波根昌鴻《あはごんしょうこう》（一九〇一－二〇〇二年）さんから、直接うかがった話である。

「五本の指は、親指、人差し指、中指、薬指、小指と、それぞれ名前があって、形も違うし、役割も違いますね。だが、その一つひとつの役割は大きい。お箸や鉛筆を持ったとき、五本の指の全部が協力することで、美味《おい》しく食べることができるし、きれいな字を書くこともできますね。それでいて上手《うま》くできたと言って、威張る指はありません。

世の中の人々が、五本の指のようになったら、世界中は平和で、人権蹂躙《じゅうりん》もないし、環境破壊もないし、すばらしい世の中になります。残念ながら今はそうでないので、拳をつくって団結し、頑張らなければならないと、この私は考えるのであります」

右手を前に上げ、指を一本ずつ折りながら、ゆっくりと噛《か》み砕くように話してくれた。

沖縄の平和運動家であった阿波根《あはごん》さんは、米軍による土地接収に非暴力で反対し、「日本のガンジー」とも称された。一九八四年に、自宅の敷地内に反戦平和資料館「ヌチドゥタカラ（命は宝）の家」を建設し、戦争の愚かさと平和の尊さを説き続けた。また伊江島生協を設立し、島民の暮らしにも貢献した。なおこの生協は、その後に現在のコープおきなわと合併した。

協同というと、すぐに大多数の人と人の協力関係を想定するが、まず顔のわかる五名程度から、身の周りのできることで積み上げることが基礎である。国際協同組合年である二〇一二年は、こうした草の根的な協同のあり方を身近で考える良い機会でもある。

「田老町漁協 収穫を祝う会」で披露された「元村こどもさんさ愛好会」の熱演。

**地域に密着した取り組み**

第二は、地域の条件に応じた岩手での細かな動きである。行政が仮設住宅の建設を大企業に丸投げした宮城では、どこに行っても同じパターンの建物でしかなかったが、岩手では木造の仮設住宅などもあり、地域との関わりを感じることができた。県で一つの組織となっている宮城の漁協では、現地の支所で話を聞いても、「県の方針がまだ出ていないので」とのこともあったが、岩手では田老町漁協や重茂漁協のように、独自の判断で決裁を素早くして成果をあげていた。

また、おおさかパルコープやコープあいちなどの生協が、地元のNPOなどの協力も得て、同じ被災地を二〇一一年から継続して訪れ、清掃や炊き出しなどの支援を通して信頼関係を築きつつある。その結果、伝統文化として大切な地域のお祭りにも関与させてもらい、コミュニティの復興にも貢献していることは高く評価できる。

こうした地域に密着した取り組みは、復興への確かな一歩となるだろう。

## 人間の復興を

第三に、被災地におけるコミュニティは、人々が協力して機能している地域もあるが、崩壊しつつある場も少なくない。ところで農業や漁業など第一次産業の凋落《ちょうらく》や地域の過疎化などは、震災以前から日本の各地で発生していたことである。金や若者は都会へと流れ、地方はどこも疲弊化してきた。つまり以前からの社会病理が、震災でさらに大きく浮かび上がったのであり、地震や津波のあった直前に戻せば解決するのではなく、社会の構造にまでメスを入れないと、本質的な復興にはつながらない。

社会構造には触れずに小手先の復旧しか進めていないため、震災からどうにか助かった人が、今度は買い物難民や引きこもりになるなど、新たな問題に直面している。

別の表現をすれば、土建を中心とした経済復興は進みつつあるが、被災者の暮らしを守る人間の復興はなおざりにされていると言える。

なお人間の復興では、関東大震災のときに経済学者の福田《ふくだ》徳三《とくぞう》（一八七四－一九三〇年）

が、「復興経済の原理及若干問題」で論じた以下がある。

「私は復興事業の第一は、人間の復興でなければならぬと主張する。人間の復興とは、大災によって破壊せられた生存の機会の復興を意味する。今日の人間は、生存する為に、生活し、営業し労働しなければならぬ。即ち生存機会の復興は、生活、営業及労働機会（此を総称して営生の機会という）の復興を意味する。道路や建物は、この営生《えいせい》（引用者注・暮らしを営むこと）の機会を維持し擁護する道具立てに過ぎない。それらを復興しても、本体たり実質たる営生の機会が復興せられなければ何にもならないのである」

被災者にとってはもっともな正論であるが、関東大震災以降にこの重要な指摘は、為政者に軽視か無視されたままである。今回の震災に対しても、政府は創造的復興や再構築を強調し、政治に多大な影響を及ぼす経済界は、構造改革やＴＰＰを推し進め、さらに消費税増税を推進している。どれも福田の言う「道具立て」であり、「本体たり実質たる営生《えいせい》の機会」の復興が中心になっていないことが大きな問題である。

## 復興への課題は

復興には、まだまだ長い歳月と労力を要することになるだろう。地震や津波の被災だけでなく、原発の事故による放射能汚染を考えると、いつ解決するのか誰も分からない。震災から二年目となり、支援のボランティアなどが急速に減少している中で、これからの復興に関わる課題を考えてみた。

第一に、復興支援から復興協同への切り替えである。震災で可哀想《かわいそう》だからと同情で支援するのではなく、被災地はたまたま先に起こっただけであり、地震大国の我が国であれば、災害がいつどこで発生しても不思議ではない。そのため東北の被災地での教訓が、いずれは他の地域で必ず生きてくる。そこでいずれは我が身に起こると謙虚に考え、上下関係の支援ではなく、対等の関係での協同と位置づけて、被災地からしっかり学ぶことである。なお協働や共働などと表記し、少し異なった意味を強調したりすることもあるが、協同の広い概念に含めても私は差し障りはないと考える。

第二に、被災地から学んだことを、地元の地域づくりや暮らしづくりに、できるところから活かすことである。

被災地では、高台へ移転した仮設住宅や、民間のアパートでの借り上げ住宅もあれば、親類・知人宅や修理した自宅などと分散して住み、外部のボランティアの力も借りながら、新しいコミュニティづくりが手探りで進みつつある。そうした中には、被災地以外の地域でも、コミュニティを維持し発展させるためのヒントはいくつもある。

第三に、誰かにお願いする要求追求から、自らのできることは挑戦して実行する要求実、現を中心にすることである。もちろん行政や企業などに対して、憲法で保証された基本的人権を守るため、要求を追求することは大切であるし、これからもその取り組みは必要である。そのことを認めつつも、被災者の自立につなげるためにも、自らの力で対応できることについては、仲間の協力も得て実践する要求実現がより重要である。

## 生協が被災地と協同する意義

生協法の第一条では、生協の目的を「国民生活の安定と生活文化の向上」にあると明記している。対象は将来の組合員も含めた国民で、このため出かけていって多くの被災者を支援するだけでなく、被災地で学んだことを地元で広く活かすことが重要である。

協同する内容は、震災だからと言って防災や減災だけではなく、コミュニティのあり方を含めて、地域や暮らしの全般に関わることが求められている。生協法で言えば、「生活の安定」と「生活文化の向上」であるから、食べ物や衣服など必要な量の確保と同時に、心の安らぎや豊かさを感じる生活の質の向上も対象となる。

こうしてみると被災地と協同することは、別に生協とか協同組合だけの意義ではなく、人間であれば誰にでも当てはまることである。

## 人間《じんかん》復興へ

そこで復興哲学は、「人間《にんげん》の復興」をより発展させ、人間《じんかん》復興が大切であると私は考える。じんかんとは仏教用語で、世の中を意味し、全ての生物も含む。

そもそも人類のエゴで経済復興を押し進め、文化や精神面で歪《ゆが》みを起こし、さらには環境問題などによって、他の生物や自然環境にも多大な負荷を与えている。つまり人中心の考えから脱皮しない限り、同じ失敗を繰り返してしまう。あらゆる生物や自然環境に目線を当てた復興が大切ではないだろうか。（2012年8月31日）

# 後書き

宮城県における協同を大切にした復旧・復興の取り組みを、やっとのことで二〇一二年の三月に出版し、翌週から次は舞台を岩手県に移して取材に入った。当初は前作と同じく出版まで一年間を考えていたが、「かけあしの会」の菅原《すがわら》さんに相談していると、「もっと早く駆け足で」と発破をかけられてしまい、約半年というこれまでにない速さで仕上げることにした。仮設住宅での引きこもりなど新たな問題が出ているのに、全国的な支援の低下などが気になっていたので、岩手の被災地における取り組みを早めに紹介し、支援の継続や在り方について何か発信をしたかった。

それにしても、今回の震災から私たちは何を学べばいいのだろうか。被災者や支援者などから、たくさんの貴重なメッセージが発信されている。家族、友人、ペット、時間、仕事、伝統、文化、住まい、地域などについてで、どれもが傾聴に値する。突き詰めれば人生に、一人ひとりがどう向き合えば良いのか、になるのだろうか。

その点でオーストリアの精神科医ビクトール・フランクル（一九〇五－一九九七年）は、生死の境にあったアウシュビッツの収容所で、どんなに苦しいときにも人生には意味があり、あなたを待っている誰かがいて、または待っている何かがあるとし、その誰かや何かのため死に直面しても、必ず各自にできることがあることを学んだ。そうしたことを論じたフランクルの名著『夜と霧』や『それでも人生にイエスと言う』が、被災地で再び読まれているそうだ。

欲望を満たすための人生に期待するのでなく、今の社会を生きていく人生から求められる使命に、私は少しでも応えたいと念じ、これからも被災地を歩いて発信し、各地の海岸の岩場に根をはった松を思い出しつつ、できる範囲で実践につなげていきたい。

この本に登場してもらった方はもちろんのこと、それ以外にもたくさんの方から貴重な話を聴かせていただいた。皆さんの協力がなければ、この本は完成しなかった。感謝すると同時に、この本がそれぞれの方の代弁者として、震災を生き抜くヒントを伝えてくれれば望外の喜びである。コープ出版にもお世話になった。出版して終わりでなく、ここからスタートし、各地での支援の輪を後押しする動きにつなげていきたいと願っている。

ありがとうございました。

二〇一二年九月一三日　残暑厳しい取手にて　西村一郎

## 【おことわり】

＊年齢と役職名は、取材当時のものです。

＊一部の原稿は『コープソリューション』の掲載記事に加筆しています。

＊関連団体のＵＲＬ

いわて生協　http://www.iwate.coop/

生活クラブ生協岩手　http://iwate.seikatsuclub.coop/

消費者信用生協　http://www.iwate-cfc.or.jp/

ワーカーズコープ　http://www.roukyou.gr.jp/

みやこ映画生協　http://cinemarine.blog45.fc2.com/blog-category-9.html

おおさかパルコープ　http://www.palcoop.or.jp/

コープあいち　http://www.coop-aichi.jp/

日本生協連　http://jccu.coop/

コープ共済連　http://coopkyosai.coop/

日本ユニセフ協会　http://www.unicef.or.jp/

田老町漁協　http://www.masaki-wakame.com/
重茂漁協　http://www.jfomoe.or.jp/
かけあしの会　http://blogs.yahoo.co.jp/kakeashinokai
遠野まごころネット　http://tonomagokoro.net/

資料

# いわて生協の被災地・被災者支援活動の経過

【二〇一一年】

三月……………………………………

●三月一一日

一四時四六分　発災。

停電で店内で営業できない店は店頭で供給を継続。

●三月一四日

二店が店頭販売を継続、その他は通常営業（三月二二日から全店通常営業）。

●三月一六～一八日

内陸部の組合員ボランティアが毎日三、〇〇〇個のおにぎりを作り、沿岸の被災地に届ける。

●三月一八日～

店舗での「東日本大震災支援募金」をスタート。共同購入でも募金活動を展開。

●三月一七日～四月一七日

「被災された方のために物資の提供を」とマリンコープＤＯＲＡ（店）内にコーナーをつくり支援物資を募る。

●三月一九日～四月二日

全国の生協（一二生協）の応援もうけて、延べ七二台・一六〇人が参加し、共同購入配達トラックで移動販売を実施。空き地や民家の庭先を借りて、合計一二〇カ所で実施した。また、豚汁やうどんなどの炊き出しを実施。

●三月九日～四月一〇日

「避難所にいる人たちに温かいものを食べてもらおう」と合計七五カ所で、全国の生協の応援も受けて、豚汁・牛丼・うどん・おでん・せんべい汁などを提供。

●三月二二日～

配達量の制限をしながら沿岸被災地での灯油配

達を再開。

● 三月二八日～

県内全域での灯油配達を再開(配達量制限をしながら)。

## 四月

● 四月九日

全国肉牛事業協同組合から提供された牛肉・野菜・調味料で「牛丼一万食プロジェクト」を実施。

● 四月九日～

宮古市の要請に応え四月九日から三カ所の避難所へ毎日三食、約一、三〇〇食を超える食事提供スタート。マリンコープＤＯＲＡで製造し、八月まで配達し続ける。

● 四月一一日

共同購入の配達を再開。

● 五月六日～

避難所への弁当提供に続き、宮古市内の幼稚園へのお弁当提供を開始。

● 四月一六日～五月二〇日

アイコープ商品(ＰＢ商品)のメーカーおよび産直生産者、計一三団体・社を理事長・副理事長がお見舞い訪問。計六三〇万円の見舞金を渡す。

● 四月一五日～五月二四日

全国の二一生協・連合会から九七人の応援を得、沿岸被災地の個人宅・避難所四、七五一件を訪問し、共済金・見舞金の支払い手続を迅速に進める。

● 避難所や仮設住宅からマリンコープドラへの無料買物バスを四～九月に運行。津軽石コース、山田コース、田老コース合わせて三、六二三人が利用。

## 五月

● 五月六日

岩手県へ義援金二、〇〇〇万円と冷蔵庫六〇台を贈呈。

● 五月一日の週～

釜石市災害対策本部物資センターが、法人向け共同購入で避難所で使用する食料品や生活用品等の利用をスタート（七月末まで継続利用された）。

●**五月七日〜八月一八日**
みやこ映画生協・いわて生協共催で被災地支援「出張映画会」を一一会場で開催。

●**五月一六日〜**
日本ユニセフ協会岩手県支部と連携し、山田町・大槌町・陸前高田市内の幼稚園・保育園への「おやつ」の無償提供を始める。

●**五月二一〜二二日**
Ｂｅｌｆ牧野林（店）で「地産地消フェスタ」を開催。宮古市や県北地方振興局の後援も受け被災地の久慈・宮古・釜石地域からの出店やチャリティーオークションなど復興支援企画も実施。

●**五月二二日〜**
マリンコープＤＯＲＡではじめた喪服の無償提供活動で、常設提供会・出張提供会を八月一〇日まで展開（全国から五、三〇〇着の喪服が寄せられ、五、〇四二人へ無償提供）。

●**五月二四日〜**
いわて食農ネットと協同で、陸前高田市を中心に避難所（三〜四カ所）へ毎週火曜日に約四〇〇食の食事を七月一二日まで継続して炊き出し支援。

●**五月二六日〜**
大槌町の三カ所の避難所へ毎週木曜にお弁当（夕食）二二〇食を七月末まで炊き出し支援。

●家庭で眠っている「二〇一一年カレンダー」の募集と被災者への提供。

## 六月

●**六月八日**
第一回ボランティアバス企画をスタート。以降、継続実施。

●**六月一五〜一六日**
けせん支部と大船渡市営球場の特設会場で「出張販売」を実施。

●**六月一七日**
釜石コープの企画「大槌町からマリンコープＤＯＲＡへの買い物バスツアー」を実施。

●**六月一七〜一八日**
Ｂｅｌｆ仙北（店）誕生祭で被災地商品の販売、

震災支援バザーの実施。

● **六月二七日～**
宮古以南の沿岸被災地で、組合員ボランティアが中心となり、「ふれあいお茶っこ会」または「ふれあいサロン」開催をスタート。以降、開催会場を増やし継続開催。

## 七月

● **七月二日**
釜石・大槌復興フェスタを鈴子公園で開催。

● **七月六～八日、七月一三～一五日**
全国の生協職員の応援で、「移動販売」と「青空コープ」を四八会場で実施。

● **七月一三～一五日**
移動販売実施会場でおおさかパルコープの組合員から提供された食器類の無償提供を実施。

● **七月一六日～八月二〇日**
「宮古地域の被災したメーカーの支援」と「商品詰め合わせを被災した方に作業してもらい、少しでも収入になること」を目的に、「復興応援ギフト」「がんばっぺす！　ギフト」を店舗で取り扱い。

● **七月二五～二九日、八月一～五日**
「パラグアイからの友情支援大豆（一〇トン）」で製造した充填きぬ豆腐を、沿岸の共同購入利用者へ無償提供。

● **七月二八日～八月一日**
陸前高田市・大船渡市の一九カ所の仮設住宅団地で、おおさかパルコープの組合員から提供された食器類の無償提供会を実施。

## 八月

● **八月一～五日**
沿岸地域の仮設住宅入居の共同購入利用組合員に、組合員から集めた「バスタオル・タオルケット」と「ハエ取りリボン」一、一四五セットを提供。

● **八月八日**
山田北小学校盆踊り大会にわた飴器を無料貸し出し。

● **八月一七日**

けせんコープが盛学童保育と赤碕学童保育で子ども映画会を開催。

●**八月二〇日**
山田小学校夏祭りに子ども縁日企画の備品を無料貸し出し。

●**八月二八日**
釜石コープが宮古のシネマリーンへの「親子映画ツアー」を実施。

●**八月二七～二八日、九月三～四日**
釜石市・大槌町の一六カ所の仮設団地で食器類の無償提供会を実施。

## 九月

●**九月三日**
Ｂｅｌｆ山岸(店)秋祭りで復興支援商品・グッズ販売に協力。

●**九月一〇～一一日**
被災地のメーカーを応援し、また地元商品のよさを知らせ利用してもらおうと、コープ水沢Ａｔｅｒｕｉ(店)で復興支援地産地消フェスタを開催。被災地から二六社が出店。

●**九月一七日**
みやこ秋祭りにいわて生協から二一三人参加し盛り上げ。

●**九月二〇～二三日**
けせんコープと食農ネット共同で、陸前高田市の仮設住宅団地四カ所で、芋の子汁の炊き出しと物資の無償提供。

●**九月二四日**
山田町の仮設住宅団地四カ所で、おおさかパルコープの組合員から提供された食器類を無償提供。

●**九月二七～二八日**
いわて生協文化鑑賞会「クオレ」例会に、盛岡市内・花巻市内に避難している被災者を無料招待。

●**九月二九日**
内陸部の盛南コープが、宮古への被災地応援バスツアーを企画実施。

## 一〇月

●**一〇月一日～一一月三〇日**

配達灯油利用キャンペーン。生協の配達灯油を利用する被災者で、灯油ポリ缶を無くした方に「灯油ポリ缶二缶と灯油ポンプ一本」を無償提供。仮設住宅入居者で生協の配達灯油利用者へ「灯油一八リットル無料サービス＋ポリ缶二缶収納用ケース」の提供を全国の生協の支援で実施。

●一〇月八〜九日
コープ一関COLZA（店）で復興支援・地産地消フェスタを開催。

●一〇月八日
岩泉町の仮設住宅団地三カ所で、おおさかパルコープの組合員から提供された食器類を無償提供。

●一〇月一六日〜
「産直真崎わかめ復興支援募金：田老町漁協へトラック（一台）を贈ろう」をスタート。

●一〇月二二日
産直真崎わかめの「田老町漁協を励ます会」開催。

●一〇月二九日
けせんコープが、難民支援協会の協力を得、「支援で疲れた方を支援する女性の会」を実施。

## 一一月

●一一月一日
釜石コープが、野田仮設住宅団地で「すいとん汁のふるまい」を実施。

●一一月三日
〝笑顔・元気・絆〟をテーマにマリンコープDORA（店）で「宮古コープ復興まつり」を開催。宮古地域の被災した生産者、メーカーなど四三社・団体が参加。

●一一月五日
けせんコープの組合員からの要望で、陸前高田市内とけせん支部の二会場で「あったか移動販売会」を開催。

●一一月一〇日
宮古市シーアリーナで行われた「森山良子コンサート」開催に協力。

●一一月二五日
いわて生協文化鑑賞会「クオレ」例会に被災者六一名を無料招待。

## 一二月

- ●一二月上旬〜
店舗ギフト企画で、被災メーカーのギフト商品・復興支援ギフト品の取り扱い品目拡大。
- ●一二月一〇日
釜石コープ主催の「大槌ミニミニ生協市」を開催。
- ●一二月一〇〜一八日
ユニセフ・ハンドインハンド「東日本大震災支援・子どもたちに笑顔をおくろう」募金を県内八市町村一九カ所で実施。
- ●一二月一五日〜
津波で全壊した大槌町の造り酒屋「赤武酒造」の、震災後初めてつくった「浜娘」の生協店での販売を開始。
- ●一二月一七日
大船渡市綾里綾姫ホールで「歳末チャリティーコンサート（津軽三味線＋唄）」を開催。
- ●一二月一八日
宮古市のグリーンピア三陸みやこで「歳末チャリティーコンサート（津軽三味線＋唄）」を開催。
- ●一二月一九日
けせんコープとコープあいち共同企画「クリスマスカードを贈ろう」に寄せられた五、五三六枚のカードに折り鶴をそえて共同購入利用者へプレゼント。
- ●一二月下旬〜
遠野まごころネットの「支援灯油」に協力。生協の配達灯油システムを利用し、遠野まごころネットが指定する陸前高田市・大槌町の要支援者に「支援灯油」をお届け。
- ●一二月二七日〜
コープいばらきから贈られた「手編み帽子・ひざ掛け・小物類」を年末年始にかけて仮設住宅の組合員へお届け。
- ●一二月二二〜二三日、二七、二九〜三〇日＋一月七〜八日
陸前高田市内で「年末年始の炊き出し」を実施。一二月二九〜三〇日はおおさかの生協組合員もバス二台でボランティア参加し、一緒に「年末年

始の炊き出し」を実施。
● 一二月三一日～一月一日
大槌町の小槌神社で、おおさかパルコープが「年末年始の炊き出し」実施。

## 【二〇一二年】

### 一月

● 一月一〇日
釜石市甲子小学校学童育成クラブで子ども映画会「あらしのよるに」を実施。

### 二月

● 二月二日
田老町漁協に組合員から集まった軍手五、三〇〇双・タオル一五、〇〇〇枚贈呈。トラック募金で二トントラックを寄贈。
● 二月四～五日
いわて生協文化鑑賞会「クオレ」の例会に被災者を無料招待。
● 二月八日～三月四日
盛岡の南昌荘の企画「南昌荘ひなまつり」期間中、被災者の入園料を無料に。
● 二月一一日
山田町中央公民館と宮古市白浜仮設住宅集会所で「いわて生協民謡コンサート」を開催し、計四六五人が楽しむ。
● 二月二二日
けせんコープ主催の「南こうせつコンサート」を大船渡市リアスホールで開催し、九八五人が来場。
● ひなまつり「手づくり雛」プレゼント企画を実施。
沿岸地域の共同購入利用組合員に「手づくり雛」にメッセージカードと雛あられを添えてプレゼント。

### 三月

● 三月八～一一日
「被災者の自立の手助けを」と九店舗で「復興応援コーナー」を展開し、来店組合員へおすすめ。

復興プロジェクト「かけあしの会」の商品や、仮設住宅のお母さんたちの手づくり作品、福祉施設の商品などを組合員ボランティアが販売。三五〇万円を超える利用。

●**三月二三日**
釜石コープが白山学童クラブで「子ども映画会」を実施。

●**三月二四日**
田老町漁協の「収穫を祝う会」を実施。甚大な津波被害を乗り越え「真崎わかめ」の供給が再開。生産者・組合員・職員一〇六人が参加。

## 四月

●**四月一二日**
福井県民生協の「被災地に花を咲かせよう」プロジェクトで贈られたグラジヲラスの球根二万五、〇〇〇個を、いわて生協を通じ支援団体や被災地の福祉施設・保育施設に贈呈。

●**四月二五日～五月六日**
「南昌荘（盛岡市）で楽しむ端午の節句」企画期間中、被災者の入園料を無料に。

●**四月二九日**
宮古コープが宮古市田老青倉地区民有林で、田老町漁協女性部主催「婦人の森」植樹活動に協力。いわて生協から鍬（二〇万円）を支援。当日は日本生協連笑顔とどけ隊三〇人がボランティア参加。

●けせんコープでは、花の苗と球根を米崎の仮設住宅へプレゼント（花の苗は、埼玉県の個人が提供）。

## 五月

●**五月五日**
けせんコープが陸前高田市横田町の地元住民と仮設住宅合同の花見へ炊き出し支援（一二〇食）。

●**五月一一日**
宮古コープが真崎わかめ応援女子会（田老町漁協女性部と昼食を兼ねた交流会）を開催。

●**五月一四日**
盛岡中央コープが宮古応援買い物バスツアーを実施。

セリオまごころ委員会が大船渡・陸前高田バスツアー。

●**五月一九～二〇**
Ｂｅｌｆ牧野林(店)で復興支援・地産地消フェスタ開催。沿岸被災地から三〇団体が参加出店し、沿岸被災地から復興への思いを発信する場ともなる。

●**五月二六日**
陸前高田市立矢作小学校運動会で四〇〇食の昼食支援(おにぎり・豚汁・焼きそば)。

## 六月

●**六月一日～**
マリンコープＤＯＲＡ店内に「復興商店」を常設、営業をスタート。被災地メーカー製造商品や福祉施設で作った商品、仮設住宅のグループなどの手づくり品、被災者支援団体などの商品を供給。

●**六月一八日**
移動店舗「にこちゃん号」スタート。被災地支援を目的に、宮古地域二コースで移動販売事業を開始。Ｂｅｌｆ西町(店)を母店に約六〇〇品目を取り扱い。

●**六月二五日～**
「七夕カード」を沿岸被災地の共同購入利用組合員に贈呈。

●**六月三〇日**
陸前高田市の仮設住宅団地二カ所(二日市仮設、西風道仮設)で第一回「夜のお茶っこ会」を開催。

## 七月

●**七月六日**
宮古市赤前保育園にわた飴器を無料貸し出し。

●**七月九日**
宮古市・山田町「無料お買い物バス」をスタート。山田町五コースと宮古市四コースで運行、移動店舗「にこちゃん号」で対応できない仮設住宅六四カ所(二、〇七八世帯)とその周辺の買い物を支援。

●**七月一九日**
花巻コープリーダー会が復興応援産地見学ツア

ーを実施（宮古市の田老町漁協の見学、マリンコープＤＯＲＡの復興商店での買い物等）。

●**七月二六日**

大槌町安渡保育園にわた飴器、ポップコーン機器を無料貸し出し。山田町山田第一保育所に「わたがし、ポップコーン、カキ氷」機械を無料貸し出し。

［著者略歴］

西村 一郎
（にしむら　いちろう）

1949年4月29日、高知県高知市春野町西畑生まれ。63歳。
2010年3月末、公益財団法人 生協総合研究所を定年退職。その後は生協研究家、ジャーナリスト。
所属 日本科学者会議・日本流通学会・現代ルポルタージュ研究会
著書 『生かそう物のいのち』（連合出版、1986年）、『協同組合で働くこと』（共著、労働旬報社、1987年）、『子どもの孤食』（岩波ブックレット 1994年）、『雇われないではたらくワーカーズという働き方』（コープ出版 2005年）、『協同っていいかも？―南医療生協いのち輝くまちづくり50年―』（合同出版 2011年）、『悲しみを乗りこえて共に歩もう―協同の力で宮城の復興を―』（合同出版 2012年）、他多数

連絡先　e-mail：info@nishimuraichirou.com

シリーズ・これからの地域づくりと生協の役割 1

# 被災地につなげる笑顔
## ——協同の力で岩手の復興を

[発行日] 2012年10月20日　初版1刷
2012年11月22日　初版2刷

[検印廃止]

[著　者] 西村一郎

[発行者] 芳賀唯史

[発行元] 日本生活協同組合連合会出版部
〒150-8913　東京都渋谷区渋谷3-29-8　コーププラザ
TEL 03-5778-8183

[発売元] コープ出版㈱
〒150-8913　東京都渋谷区渋谷3-29-8　コーププラザ
TEL 03-5778-8050
www.coop-book.jp

[制　作] OVERALL

[印　刷] 日経印刷㈱

Printed in Japan

ISBN978-4-87332-314-5